# Fortaleza Mental para Jóvenes Atletas

**Pasa del ANONIMATO a ser una ESTRELLA**

9 técnicas infalibles para desarrollar la resiliencia, forjar una mentalidad invencible, y tener éxito en cualquier deporte competitivo y en la vida

RK Publishing

Agradecimientos: La portada ha sido diseñada utilizando imágenes de Freepik.com

# CONTENIDO

# INTRODUCCIÓN

*"Si eres un verdadero guerrero, la competencia no te asusta. Te hace mejor".*

– Andrew Whitworth

Corre el año 1978, y un joven estudiante de segundo año llamado Michael está ansioso por entrar en el equipo universitario de baloncesto de su instituto.[1] Su familia siempre había cultivado en él el amor por el deporte y la competición. Desde niño, él y su padre estrecharon sus lazos jugando al béisbol, pero más tarde, él elegiría dedicarse al baloncesto, al igual que su hermano. En cualquier caso, ese espíritu luchador de atleta se había encendido en su interior, y pensaba que podía enfrentarse a lo que fuera.

Al conocer los resultados de las pruebas, Michael se llevó una sorpresa.

No entró en el equipo universitario.

Tal vez fuera debido a su altura (a los 15 o 16 años, aún no había alcanzado una estatura que le permitiera impulsarse). O tal vez no tenía las aptitudes necesarias. Quizá no estaba hecho para esto. Quizá debería haberse dedicado al béisbol. Quizá era el deporte para su hermano, no para él. ¿Valdría la pena intentarlo otra vez? Si no tenía el talento para eso, no había nada que hacer.

Todas estas son excusas que Michael podría haber utilizado para disuadirlo. Pero digamos que Michael no tenía "eso" ("eso" es el talento natural para el baloncesto). Incluso si ese fuera el caso, tenía algo más dentro de él. Algo fuerte y poderoso, una fuerza motriz que le impulsaba no sólo a competir, sino también a triunfar. A Michael le gustaba ganar. Si perdía, no se lo tomaba bien. En absoluto. No podía aceptar el rechazo o la pérdida, y tenía que demostrarse a sí mismo que no era un perdedor.

Desde entonces, Michael empezó a presentarse en el colegio mucho antes de la primera hora para acceder al gimnasio. Allí practicaba, practicaba y practicaba. Tiraba a la canasta hasta que se veía obligado a salir del gimnasio para ir a clase. No paró hasta que se sintió preparado para afrontar las siguientes pruebas.

Y cuando llegó el momento, Michael entró en el equipo. Fue una gran victoria.

Por desgracia, Michael estuvo en el banquillo la mayor parte del tiempo, repartiendo botellas de agua y toallas y observando durante los partidos. Fue otra trágica derrota. Su esfuerzo puede haber parecido inútil; todo ese sudor... ¿sólo para conseguir un asiento en el banquillo? Tal vez el universo le estaba diciendo a Michael que este deporte no era para él.

Tal vez le estaba dando una lección vital.

Esta lección le enseñó a Michael dos cosas. En primer lugar, que tenía que trabajar más duro, no sólo más duro, sino que tenía que seguir trabajando, haciendo más de lo que podía, porque aunque hubiera superado un obstáculo en el camino hacia su objetivo, el trabajo aún no había terminado. No te acomodes y no lo celebres hasta que hayas alcanzado la excelencia. En segundo lugar, aprendió que el fracaso es una necesidad, una prueba para demostrar el verdadero corazón de guerrero. Si aceptaba el fracaso y se rendía, entonces realmente habría perdido. Si se levantaba, se sacudía el polvo y seguía adelante, tendría lo que haría falta para alcanzar su objetivo. En otras palabras, perfeccionó su *resiliencia*.

Si Michael se hubiera rendido la primera, la segunda, la tercera o incluso la decimoquinta vez que fracasó, no se habría convertido en el 6 veces campeón de baloncesto, 5 veces MVP de la NBA y 14 veces jugador All-Star. No existiría Michael Jordan.

El fracaso es uno de los peores sentimientos del mundo, especialmente si eres un atleta incipiente. Nadie quiere sentarse en el banquillo, defraudar a sus compañeros o quedar último en una competición. Pero, ¿y si todos viéramos el fracaso como una prueba? ¿Y si lo acogiéramos como una lección que nos revelara un potencial que no sabíamos que teníamos?

Suena demasiado bueno para ser verdad, pero no se trata sólo de pensar en positivo.

Una mente que ve el desafío, la competición y el fracaso como oportunidades para mejorar, ha desarrollado la fortaleza mental.

En el competitivo mundo del deporte, eso es lo que necesitan muchos jóvenes atletas. A estas alturas, no es el dinero, el entrenamiento o la habilidad lo que separará al atleta medio, de las estrellas. Es la mentalidad, la actitud y la resiliencia. Sin esas características, llegar lejos puede ser difícil. No sólo estás intentando vencer a las probabilidades, sino que también estás luchando contra tus propios pensamientos oscuros y desalentadores. ¿Quién va a creer en ti si no lo haces tú mismo?

Al fin y al cabo, si estás leyendo esto, eres uno de esos jóvenes deportistas que quieren hacer algo por sí mismos. Toda tu vida has sentido una fuerte conexión con tu deporte; lo vives, lo respiras. Es imposible ver tu futuro sin él. Sin embargo, a medida que avanzas, el mundo se vuelve más sombrío. Tus entrenadores y tus padres pueden estar respirándote en la nuca. Cometer errores es mucho más arriesgado. Los deportistas más capacitados en tu especialidad están subiendo cada vez más el listón. Llegados a este punto, parece que la única forma de ser uno de ellos, es conseguir superpoderes o que te pique una araña radiactiva.

Para colmo, los mensajes dominantes a tu alrededor no ayudan. Puede que otras personas sigan diciéndote que no vas a conseguirlo, que deberías soñar con algo más pequeño. Puede que te sientas abrumado por la duda. Crees que no eres capaz de alcanzar el éxito que querías de niño. Es abrumador, estresante y frustrante, pero sobre todo no quieres defraudarte a ti mismo.

Por encima de todo, tienes un deseo profundo, que te parece demasiado grande para ser posible o demasiado vergonzoso para contárselo a los demás. Quieres tener un poder atlético especial que nadie más tenga, ser el mejor en el deporte que amas y demostrar al mundo que eres capaz de la excelencia. Tu objetivo es destacar en un deporte, hacer carrera y sobresalir entre la multitud.

La historia de Michael no es única. No es el único que ha fracasado en las pruebas o en cualquier momento de su carrera deportiva en el instituto. Por eso su historia es tan fantástica: él estuvo donde estamos todos, se superó a sí mismo y destacó en su deporte. En cierto modo, es la prueba de que cualquiera puede hacerlo, sobre todo si tomamos nota de su mentalidad y actitud.

¿La lección más importante a tener en cuenta? Desarrolla *la resiliencia mental.*

La salud mental de un deportista afecta mucho a su rendimiento.[2] Si hay algo que te permitirá superar tus límites, no es trabajar más duro, mejor o más fuerte. Es perfeccionar tu capacidad de resiliencia mental, hacerte mentalmente fuerte hasta el punto de superar lo que creías que eras capaz de hacer. Sin ella, no hay empuje, disciplina ni persistencia.

Este libro puede ayudarte a dominar la resiliencia mental abordándola desde todos los ángulos. En cada capítulo aprenderás una técnica práctica y valiosa que podrás aplicar de inmediato.

Es difícil querer ser el mejor, prosperar en un mundo competitivo y encontrar los recursos adecuados con la información correcta en este complejo mundo con tanta información disponible. No has sido el único. Antes de que se comprendiera que la resiliencia mental es la clave, innumerables atletas lucharon por aprender esta habilidad por las malas. Por suerte, este libro reúne consejos basados en la investigación, además de los hábitos y la mentalidad de atletas famosos, en un formato sencillo y conciso, con consejos prácticos que podrás aplicar fácilmente a tu vida.

Tras comprender el poder de la resiliencia mental y cómo utilizarla, adquirirás la capacidad de exigirte más. Sentirás que progresas.

Además, te ayudará a afrontar lo que te depare la vida con calma y paz, ya sea una derrota o una victoria. ¿Has fracasado? Levántate y vuelve al campo de entrenamiento. ¿Qué estás haciendo bien? ¿Qué podrías hacer mejor? ¿Y si ganas? Enhorabuena, sigue así. No te duermas en los laureles. El viaje no ha terminado. Queda mucho más por hacer.

Esta es la mentalidad que te llevará al éxito.

# 1
# EL SUEÑO ATLÉTICO

*"Nuestra mayor gloria no está en no caer nunca, sino en levantarnos cada vez que caemos."*

— Confucio

V ivir el sueño deportivo: es algo que todo el mundo desea. Pero, ¿qué significa esto realmente para ti?

Empecemos por el principio. El deporte siempre ha sido una parte dominante de la cultura y la sociedad, alcanzando su apogeo glorificado en la época de los antiguos griegos. Desde la infancia hasta la edad adulta, el ejercicio físico era una parte necesaria para desarrollo hacia la virilidad. Se entrenaban con actividades como correr, montar a caballo, luchar, lanzar jabalinas y otros ejercicios propios de un guerrero. Pero no se trataba sólo de prepararse para la batalla: la fuerza física y la destreza, ocupaban un lugar esencial en la cultura. Las ciudades antiguas estaban repletas de gimnasios y palestras (pequeños gimnasios de lucha) de uso gratuito. Además, se dedicaban a exhibir sus habilidades físicas en competiciones o juegos.

## BREVE HISTORIA DEL DEPORTE

Los griegos tenían mucho que decir sobre el atletismo y la gloria de competir en los deportes. Se podría decir que nuestra cultura actual en torno al deporte, procede de los Griegos.[3] Por un lado, muchos términos relacionados con el deporte en la lengua inglesa proceden de palabras griegas. La palabra gimnasta procede del griego *gymnast*, que significa entrenador. La palabra atleta procede de *athlos*, que se refiere a un premio. La palabra gym viene de *gymnos*, término que significa "desnudo" y hace referencia al hecho de que los hombres de la antigua Grecia participaban en los deportes absolutamente desnudos. Entonces no tenían equipos deportivos ni pantalones de jogging, ni les hubiera gustado tenerlos. La cultura, el arte y la filosofía de la antigua Grecia, glorificaban y admiraban el físico musculoso masculino. Era un símbolo de virilidad y heroísmo, y ver los músculos en acción durante las competiciones deportivas, era uno de sus momentos culminantes.

Por otra parte, una de las competiciones de proezas y hazañas atléticas más notables del mundo, los Juegos Olímpicos, procede directamente de la creación griega. Los antiguos griegos idearon las Olimpiadas para honrar a los dioses, concretamente a Zeus, el rey del Olimpo. Consideraban el atletismo como una oportunidad para demostrar su valía como héroes merecedores de la validación de los dioses, incluso fuera del campo de batalla. El atleta era un héroe.

Hoy en día, muchos de nosotros también vemos a los atletas como héroes. Los campeones y ganadores de talla mundial son los guerreros de la nueva era, símbolos de la máxima excelencia humana.

Incluso para el resto de la población promedio, ya sean los que sólo ven deportes o los que ocasionalmente practican deportes como actividad física, el deporte representa algo esencial para la vida. ¿Por qué es tan importante para nosotros?

La respuesta es evidente en el tejido de nuestro ADN. El movimiento es una parte fundamental del ser humano. La capacidad de correr, saltar, trepar y jugar, no termina ni debería terminar al final de la infancia. Cuando los humanos vivían en cuevas, eran cazadores y recolectores, la fuerza física y la agilidad, eran necesarias para sobrevivir. Los más fuertes y rápidos eran los que sobrevivían. Siguiendo el modelo evolutivo de la supervivencia del más fuerte, los que vivían para transmitir sus genes contribuían a una línea de sobrevivientes más fuertes y rápidos. Evolutivamente, la destreza atlética significaba la continuación de la raza humana.

Por suerte, estas reglas ya no nos limitan hoy en día.

En el mundo moderno, esas habilidades ya no son necesarias. No necesitamos perseguir animales para conseguir nuestra próxima comida ni estar al sol doce horas al día, esforzándonos por subsistir con los granos de la tierra para alimentar a nuestra comunidad. No necesitamos una fuerza física inmensa para proteger a nuestras familias, comunidades o tribus, y sin embargo respetamos y admiramos esas habilidades. Puesto que ya no son necesarias, vemos como un ejemplo notable de disciplina humana y pura ética del trabajo, ver a un atleta realizarlas.

En lugar de la necesidad de atletismo para luchar en batallas o proteger el propio hogar, el deporte de competición se ha convertido en un pasatiempo popular. Si no, ¿para qué utilizaría el ser humano su asombroso potencial?

El dicho "si no lo usas, lo pierdes" es cierto cuando se trata del potencial humano. El deporte nos ofrece una forma excitante, mental y físicamente estimulante, de descubrir de qué estamos hechos nosotros o nuestros rivales. Con el tiempo, los deportes de competición se convirtieron en una forma algo más amistosa de competir y medir los puntos fuertes de las personas y las naciones.

## EL PAPEL SOCIO-EMOCIONAL DEL DEPORTE

Además de sus evidentes beneficios físicos, la cultura en torno al deporte tiene un impacto significativo en la sociedad y en el individuo.

De las civilizaciones históricas procede el nacimiento del deporte como actividad placentera sin el propósito de defenderse, luchar o sobrevivir. Los antiguos egipcios disfrutaban con la lucha, el tiro con arco y la natación. Los gladiadores romanos luchaban a muerte en el Coliseo como puro entretenimiento público. En la Edad Media europea nacieron juegos como las justas y una forma primitiva de fútbol, así como la lucha libre y la caza. En el siglo XIX surgió la versión moderna del fútbol que conocemos hoy, así como el tenis, el críquet, el softball, el hockey sobre hielo, las carreras de caballos, etc.[4]

El mundo del deporte moderno representa la sana competencia entre dos equipos o rivales. También representa valores clásicos que pueden haberse perdido en algún momento. Valores como la esperanza, el honor, la justicia, la victoria y el respeto, se mantienen vivos gracias a los acontecimientos deportivos.[5]

Grupos de personas de todas las clases sociales pueden reunirse para animar a su equipo, creando un sentimiento de conexión que rara vez sentimos en el mundo tan independiente de hoy en día.

Crea un sentimiento de colectividad, de identidad nacional o local. Los aficionados al deporte pueden disfrutar de una buena conversación, por muy diferentes que sean, independientemente de su sexo, raza o condición social. La celebración de acontecimientos deportivos es también una forma de impulsar el estado económico de una ciudad o país, ayudando al turismo y a las empresas locales.

Para los competidores, practicar un deporte puede estimular su sentimiento de pertenencia a un equipo o a un lugar del mundo. Puede darles un sentido de propósito, una mayor confianza en sí mismos. El deporte ofrece una forma sana de regular las emociones cuando se practica con regularidad o incluso de forma casual. Es una forma de escapar del estrés de la vida y añadir emoción tanto para los jugadores como para los espectadores.

El deporte ha tenido el poder de detener guerras y crear treguas. La Copa Mundial de Fútbol, por ejemplo, ha creado la paz temporal en más de una ocasión. En una Nochebuena de 1914, durante la Primera Guerra Mundial, soldados de bandos opuestos se reunieron en plena tierra de nadie para jugar un partido de fútbol.[6] Aunque breve, el partido hizo amigos de los enemigos y la paz de la guerra. Es sólo uno de los muchos casos en los que el deporte ha tenido el poder de conectar a personas de bandos opuestos.

También puede ser una forma de promover la sensibilización sobre los problemas sociales. En los Juegos Olímpicos de 1936, celebrados en Berlín (Alemania), Adolf Hitler pretendía convertir el acontecimiento en una forma de difundir su propaganda de la superioridad atlética aria sobre otras razas. Para su consternación, el velocista afroamericano Jesse Owens ganó cuatro medallas de oro y llegaría a batir muchos récords. En el mundo del deporte, incluso las disparidades raciales y la discriminación pierden sentido ante la victoria.

## DEPORTES PARA UN ESTILO DE VIDA SALUDABLE

No olvidemos los beneficios evidentes del deporte y otros tipos de atletismo. Puede formar parte de un estilo de vida saludable sin que la actividad física resulte agotadora o tediosa. La euforia del entrenamiento deportivo, especialmente cuando tienes que cumplir un objetivo o una norma, puede desafiarte y llevarte a un límite que nunca pensaste que podrías superar.

Siempre que haya un equilibrio saludable entre tu deporte y otras facetas de la vida, la actividad física alivia el estrés y mejora la salud mental. Es una forma ideal de liberar emociones negativas. Por no hablar de los inmensos beneficios que aporta a la calidad del sueño, algo que a todos nos vendría bien.

Como joven atleta, por supuesto, no te interesa el deporte como un añadido casual a tu rutina diaria. En realidad, tu deporte específico ocupa una gran parte de tu tiempo; aspiras a una vida dedicada a él.

## EL DEPORTE COMO CARRERA

El deporte ofrece una forma de demostrar que uno es capaz de alcanzar un éxito inmenso porque puede ver el progreso físico de su duro trabajo y dedicación.

En este mundo acelerado en el que muchos campeones deportivos cruzan líneas y baten récords, ¿qué significa ser un atleta consumado? ¿Qué significa realmente el éxito? ¿Puede cualquier boxeador medio intentar ser el próximo Muhammad Ali o Mike Tyson? ¿Puede un jugador de baloncesto novato en el instituto aspirar a unirse a las filas de Michael Jordan o Kobe Bryant? El significado de una carrera deportiva de éxito varía de una persona a otra.

Para muchos niños y adolescentes que llegan a las filas de su deporte, un adulto puede dar la definición de éxito, como un padre o un entrenador. Los jóvenes deportistas pueden sentirse muy presionados, y el deporte que eligen se convierte en algo menos agradable. Al final de la adolescencia, parece un trabajo, con una presión abrumadora que les bombardea por todas partes.[7]

Aunque el éxito es un objetivo loable, no merece la pena perder lo que hizo divertido el deporte en primer lugar. Demasiada presión y centrarse solamente en los resultados, puede reducir la confianza y afectar al rendimiento. No quieres tener que obligarte a levantarte cada mañana para entrenar; quieres disfrutar del proceso.

Lo importante es despejar el ruido y elegir el objetivo adecuado para ti, uno que esté arraigado a tus valores. Esto puede ser difícil, ya que tendrás que enfrentarte a muchas resistencias. Entrenadores, padres y compañeros, pueden sembrar la duda sobre tu propósito. Sin embargo, para eso está la fortaleza mental. No es sólo tener fuerza de voluntad para levantarte y hacer lo que no te gusta. Es también defender lo que crees que es correcto en cuanto a tu carrera deportiva. Es hora de empezar a dirigir el rumbo de tu vida que más te llene para sobresalir.

Al fin y al cabo, destacar en el deporte hoy en día es complicado en un terreno de juego tan competitivo. Hay muchos contendientes en todo el mundo que aspiran al título de campeón. Para ser grande, debes superar realmente las expectativas actuales. Alcanzar tu objetivo, tanto si quieres ser grande a nivel local como internacional, será difícil.

Con eso en mente, necesitarás más habilidades a tu disposición. El atletismo requiere algo más que fuerza física o conocer las reglas, técnicas y trucos de un deporte. Un cuerpo fuerte y resistente requiere una mente resistente. Para destacar hoy en día, debes cultivar una mente lo suficientemente fuerte como para creer en tu objetivo y conseguirlo.

Sin tu mente en el lugar adecuado, tu cuerpo no te llevará donde quieres estar. Ésa es otra de las razones por las que admiramos a muchos deportistas famosos, no sólo por sus encestes nunca vistos o por batir récords de velocidad, sino también porque nos asombra su dedicación para alcanzar un nivel de destreza inimaginable. Nos inspiran con su imparable trabajo duro y su persistencia. Sabemos que si pudiéramos tener ese control mental, también podríamos ser como ellos.

Resiliencia. Fortaleza mental. Resolución inquebrantable.

*Levantarse siempre. No rendirse nunca.*

Estos viejos refranes parecen clichés y evidentes. Sin embargo, si realmente llegáramos a nuestro punto de ruptura, ¿seguiríamos adelante o nos rendiríamos? ¿Sería fácil seguir intentándolo después de que los primeros cinco, veinte o incluso cincuenta intentos acabaran en fracaso? A la mayoría de nosotros nos cuesta seguir adelante después de un fracaso. Sin embargo, es cierto que la agilidad, la fuerza y la habilidad no funcionan de forma aislada. El cuerpo debe trabajar en tándem con la mente, el corazón y el alma para pasar al siguiente nivel.

**EL ESPÍRITU DEL DEPORTE**

El espíritu está absolutamente ligado al deporte. El atletismo puede ayudar a perfeccionar esa resistencia, especialmente si tienes la mentalidad de que cada vez que fracasas, es una oportunidad para mejorar. En psicología deportiva, está claro que el deporte y el atletismo contribuyen a tener un espíritu fuerte, una mentalidad positiva y un carácter inquebrantable.

El deporte puede aportar muchas ventajas a la hora de desarrollar tu carácter:

- Aprender la solidaridad en el trabajo en equipo

- Respetar la equidad y a los demás

- Encarnar un espíritu competitivo que también respete la habilidad del oponente

- Cultivar una intensa concentración en el presente

- Sentir la gloria incluso en la derrota

- Aprender a valorar el proceso más que el resultado

- Desarrollar la capacidad de planificación

- Cultivar el hábito de la acción

- Adaptarse ante contratiempos inesperados

- Gestionar el miedo y la ansiedad

Todas estas habilidades son esenciales fuera del gimnasio o del campo de entrenamiento. Por eso, tantos atletas famosos nos sirven de inspiración, porque, en su camino hacia la cima, tuvieron que perfeccionar su espíritu y su actitud para seguir adelante. Es posible que quieras maximizar tu capacidad en tu deporte y conseguir estos elementos. Sin embargo, para ello es necesario tener una dirección sólida en la vida.

¿Sabes lo que significa para ti el sueño deportivo? El atletismo conlleva un montón de beneficios, tanto para ti como para la sociedad: fama, dinero, pertenencia a una comunidad, impulso económico y salud física, son sólo algunos de ellos. Pero, al fin y al cabo, tú eliges su finalidad. Puede que tengas un poderoso impulso para construir una carrera deportiva sostenible. Esto empieza por tener claro quién eres y qué quieres: el primer paso para desarrollar la fortaleza mental.

# 2
# ELIGE TU DIRECCIÓN

*"Los esfuerzos y el coraje no bastan sin un propósito y una dirección."*

— John F. Kennedy

P ara muchos, el problema no es la falta de trabajo duro, sino la falta de dirección. A menudo, nuestros sueños son vagos e intangibles. Eso hace que sea difícil trazar estrategias o incluso creer que podemos cumplirlos. Para abordar este problema, debes saber quién eres y qué quieres en la vida en relación con tu objetivo deportivo. Esta es la clave de la excelencia en el deporte.

Si eres deportista, tu deporte es increíblemente importante para quién eres. Puede que incluso sea una parte importante de tu identidad. Por supuesto, esto conlleva muchas ventajas. La identidad atlética está vinculada a efectos positivos en la implicación, la conexión y el rendimiento dentro del deporte.[8] Al mismo tiempo, puede que tu identidad no sea suficiente para llevarte a donde crees que quieres ir. Sin embargo, siempre puedes utilizar tu identidad como punto de partida para elegir la dirección hacia la que quieres ir.

## TÉCNICA INFALIBLE #1: TENER UNA DIRECCIÓN CLARA EN LA VIDA

Descubre quién eres y adónde quieres ir. Si no lo sabes, nunca llegarás "ahí" porque no sabes dónde es "ahí".

Muchos jóvenes deportistas no tienen la oportunidad de elegir lo que quieren para sí mismos. A menudo absorben lo que el mundo que les rodea les dice que tienen que alcanzar. Si nunca conectan con ese objetivo, pueden quedarse sin fuerzas. La forma de elegir una dirección a largo plazo es ser auténtico con uno mismo. De ese modo, la meta forma parte de ti con tanta fuerza que te empujará más allá de los límites de la tierra.

### *Establecer objetivos auténticos basados en el valor*

Mara Abbott, campeona de ciclismo de los Juegos Olímpicos de 2016, utilizó el poder de los objetivos auténticos para impulsarse más allá de ganar un evento deportivo.[9] Abbott abandonó el deporte debido a un conflicto con su propósito. Aunque le encantaba el ciclismo, también era una ecologista de corazón. Ser ciclista para ganarse la vida no parecía tener nada de especial, salvo gastar botellas de agua de plástico para hidratarse. Abbott abandonó discretamente el ciclismo en 2011.

Reflexionó largo y tendido sobre la huella que quería dejar en el mundo. ¿Qué significaba el ciclismo para ella? ¿Qué deseaba que el ciclismo significara para ella?

Finalmente, Abbott regresó en el Giro Rosa de 2013 tras revitalizar su pasión, pero esta vez por un nuevo objetivo. En sus propias palabras: "Quería ver desesperadamente lo buena que podía llegar a ser si me comprometía. Mi motivación principal pasó a ser dedicarme al valor abstracto de vivir todo mi potencial."

Ciertas metas encienden algo en tu interior. Te han llenado de asombro y hambre desde una edad temprana. En algún momento, uno se ve obligado a ser realista, refrenar su sueño y elegir un objetivo práctico, como ganar un concurso concreto o batir un récord factible. Sin embargo, Abbott afirma que son esas metas enormes y descabelladas las que te harán seguir adelante para siempre. Te harán disfrutar de cada parte del proceso, haciéndote entrenar duro para conseguirlo.

Otra razón para determinar tu propio objetivo es que no puedes iniciar tu carrera deportiva siguiendo siempre las opiniones de los demás; eso puede llevarte al agotamiento. En algún momento, tienes que ser sincero contigo mismo sobre por qué estás haciendo esto. ¿Qué estás dispuesto a hacer para conseguirlo? ¿Cómo te mantendrás a raya sin un entrenador, un equipo o la multitud?

A veces, un objetivo auténtico se parecerá más al planteamiento de un personaje de cine. Quizá quieras ser como Muhammad Ali, cuyo objetivo era ser el más grande. Quizá quieras vivir al máximo tus posibilidades, como la ciclista Mara Abbott, que quería desarrollar todo su potencial en la vida. Digamos que quieres ser la persona más fuerte del mundo o ser recordado para siempre. Ambos son objetivos elevados. No importa lo poco realista que parezca el objetivo, siempre que sea una parte fundamental de tus valores. Cuanto mayor sea el objetivo, más tiempo te impulsará.

Como deportistas, puede ser fácil absorber los ideales de la sociedad. Los entrenadores, los padres y la comunidad que nos rodea, pueden empujarnos en una dirección determinada. Sin embargo, esta dirección puede no coincidir con lo que tú eres. Por eso es esencial tener en cuenta tu identidad a la hora de elegir tu auténtico objetivo.

## LA IMPORTANCIA DE LA IDENTIDAD

La identidad es lo que uno mismo cree que es. Puede aportar consuelo y resolución ante los retos de la vida. Cuando sabemos quiénes somos, confiamos en nuestros puntos fuertes y tenemos una base para ser personas mentalmente fuertes. Es lo que nos hace únicos y nos diferencia de los demás. En el deporte, es lo que nos da el oro. Ganar, depende tanto de la historia de quién eres, como de tu práctica o rendimiento. La identidad permite a las personas perseguir sus objetivos, ser fieles a sí mismas y confiar en sus decisiones.[10]

¿Cómo puedes tener un objetivo auténtico si no sabes quién eres?

El entorno, la familia, la cultura, la sociedad y muchos otros factores, contribuyen a la identidad. A medida que creces, empiezas a plantearte cuál es tu lugar en la vida y cómo te relacionas con el mundo que te rodea. Puede que encarnes nuevos roles y abandones otros. La exploración de la identidad es una parte normal de la vida, tengas la edad que tengas. A veces puede que no sepas quién eres o cómo encaja tu deporte en tu vida. Como adultos jóvenes, tu identidad aún no está grabada en piedra. De hecho, puede que nunca llegue a estarlo.[11] Puedes elegir en quién quieres convertirte en lugar de dejar que tu vida siga la trayectoria que lleva. No se trata sólo de descubrir tu sentido del yo, sino de crecer hacia tu yo ideal.

En este caso, piensa en ti mismo como un proyecto en lugar de centrarte en ser tú mismo. Reinvéntate continuamente, prueba nuevas oportunidades, ensaya nuevas perspectivas y sal de tu zona de confort. Desafiar a tu cerebro con ideas y actividades nuevas y frescas, creará nuevas conexiones neurológicas a nivel biológico y te ayudará mentalmente a fortalecer tu carácter.

### Descubre quién eres realmente

Si aún no estás contento con quién eres, es importante que reflexiones de vez en cuando. Piensa con qué rasgos te identificas. ¿Te ayudan o no te ayudan a la hora de alcanzar tu objetivo (auténtico o no)? Tienes el poder de explorar lo que aceptas como tu identidad.

Construir tu identidad se parecerá a esto: algo de esfuerzo, algo de disciplina y mucho descubrimiento. Para tener clara tu dirección en la vida, obtén más información sobre lo que te gusta, lo que no te gusta, tus valores, tus límites, tus puntos fuertes y tus puntos débiles. Los siguientes consejos te ayudarán a conseguirlo:

### Conoce lo que te gusta y lo que te disgusta

Reconocer de verdad lo que te gusta y lo que no te gusta aumenta el auto conocimiento.[12] Te ayuda a sentirte unido a los demás o a diferenciarte de ellos. Las cosas que te gustan o no te gustan son pistas. Te muestran lo que te podría gustar hacer en la vida. Revelan tus puntos fuertes y débiles. En la práctica, pueden orientarte hacia una profesión, una afición o una habilidad que quizá no habías considerado. A veces, incluso pueden indicarte si has sido demasiado restrictivo contigo mismo al centrarte más en una cosa que en otra.

### Conoce tus valores

Los valores son tus creencias sobre lo que es más importante en todo lo que haces.[13] Tanto si conoces tus valores como si no, lo que es importante para ti se reflejará en tus acciones, elecciones y sentimientos. Si algo te parece forzado o incorrecto, probablemente no esté en consonancia con tus valores.

A veces tus valores están ahí, pero no son lo bastante claros como para que actúes deliberadamente en consecuencia. Esto puede dar lugar a prioridades contradictorias en la vida. Para elegir tu dirección, conoce tus valores. Así tendrás una fuerte fuerza motivadora en tu interior.

Reflexiona sobre los momentos de satisfacción, orgullo o felicidad para descubrir tus valores. ¿Qué momentos en el entrenamiento te hacen sentir más felíz? ¿O con tu familia? ¿O en la escuela? ¿Cuándo te sentiste más orgulloso de ti mismo y por qué? ¿Cuándo sentiste que se cumplían tus necesidades o deseos en la vida y en el deporte? ¿Cuándo trabajaste duro en una habilidad y por fin la conseguiste tras meses de trabajo agotador? Intenta determinar los factores que contribuyeron a esos sentimientos porque te darán pistas sobre tus valores. Éstos te mostrarán tus valores.[14]

Muchos deportistas profesionales valoran los logros, la ambición, la excelencia y la competitividad. Otros deportistas como los que practican patinaje sobre hielo o gimnasia olímpica, valoran la precisión, la disciplina y la elegancia.

De hecho, si piensas en tu vida deportiva hasta ahora y en qué momentos te han hecho sentir más realizado, puede que te revele valores que pueden guiarte en la vida fuera del deporte. Conocer esta información te permitirá tomar decisiones basadas en tus valores sin preocuparte tanto por las influencias externas.

### *Establece límites*

Conociendo tus valores, principios y creencias, puedes determinar qué es lo que importa en la vida y qué límites quieres establecer entre tú y los demás. Si valoras la integridad, no aceptarás mantener una amistad con alguien propenso a engañar. Los límites son los límites que establecemos, no sólo para nosotros mismos, sino también para nuestras relaciones. Al establecer tus límites, te aseguras de que te rodeas de personas que no te desviarán del camino que quieres seguir.

Los límites también tienen que ver con dar prioridad a tus necesidades. Cuida tu salud y tu bienestar para que tengas más de ti mismo para dar energía al entrenamiento, el rendimiento, el juego y otras áreas (social, familiar, laboral, escolar, etc.).

Para determinar tus límites, intenta pasar algún tiempo solo.[15] Debes conocerte mejor y tener claro con qué te sientes cómodo y con qué no.

## DESCUBRE TUS FORTALEZAS Y DEBILIDADES

Al considerar tu dirección, céntrate en tus puntos fuertes y apoya tus puntos débiles.[16]

### *Elabora una lista de todas las fortalezas que conoces*[17]

Un punto fuerte no es sólo algo que se te da bien, sino algo que te da energía y te inspira. El verdadero punto fuerte es una combinación de lo que te resulta fácil, te da energía y lo disfrutas. Tal vez hayas descubierto que tu punto fuerte es ejercer un liderazgo excepcional, que te motiva a ser un mejor líder de equipo y te da energía durante todo el partido. Tal vez hayas encontrado tu punto fuerte en ayudar a tus compañeros de equipo, que te empujan continuamente a ser mejor jugador. Sea cual sea tu punto fuerte, haz una lista de todo aquello que realmente te inspira y te motiva continuamente en tu juego.

### *Considera las fortalezas ocultas que aún no conoces*

Pregunta a los demás si ven en ti algún punto fuerte del que aún no te hayas dado cuenta. Los demás podrán ver puntos fuertes que tú podrías estar pasando por alto. Tus amigos, compañeros de equipo y familiares verán una faceta de ti que quizás nunca habías tenido en cuenta y te harán ser más consciente de tus puntos fuertes. El siguiente paso es pensar en cómo puedes aprovechar al máximo tu potencial.

### *Escribe una lista de todo aquello con lo que luchas*

Las debilidades coincidirán con algunas de las cosas que odias hacer. Aunque lo mejor es centrarse en tus puntos fuertes, los puntos débiles también pueden ser un punto potencial de importancia.[18] Sin embargo, esto sólo es así si los beneficios de superar o mejorar tu punto débil superan los costos. En otras palabras, En otras palabras, si te resultará valioso mejorar un punto débil, tanto para tu deporte como para tu vida, entonces hazlo.

### *Algunas maneras de convertir una debilidad en fortaleza:*

- Cambia la pregunta de "¿Por qué no puedo hacerlo?" a "¿Cómo puedo hacerlo a pesar del reto que significaría para mí?"

- Considera si la debilidad proviene de creencias limitantes o de un problema de falta de habilidad.

## DEFINE CLARAMENTE LO QUE QUIERES

Para tener más claro lo que quieres, puedes hacer unas cuantas cosas:

### Elimina el "debería" de tu vocabulario

En primer lugar, debes eliminar la palabra "debería" de tu vocabulario.[19] Decir "debería entrenar", "debería ser capaz de hacer esto" o "no debería hacer aquello" no es ser fiel a ti mismo. Se basa en el sentido de lo que crees que la sociedad aprobaría o desaprobaría. Y lo que es más importante, no tiene nada que ver con tu verdadero objetivo. En lugar de eso, cambia tu vocabulario por algo más concreto. En lugar de "debería", di *"haré"*; hoy entrenaré, *haré* esto. La forma en que te hables a ti mismo te ayudará a fortalecer tu mentalidad y a crear una mentalidad más positiva.

### Piensa de forma crítica sobre las opiniones ajenas

Acuérdate de pensar críticamente sobre lo que te dicen los demás. Puede ser fácil sentir que no sabes mucho y que es mejor que escuches los juicios y opiniones de los demás porque probablemente sepan más.

Aunque es valioso tener en cuenta los consejos de personas con más experiencia y conocimientos, la clave está en no aceptar ciegamente ninguna opinión.

He aquí una regla empírica: toma lo que sea útil y deja lo que no se aplique a ti. O, si una persona que te aconseja, no está viviendo la vida con la que sueñas, tómate sus palabras con un grano de sal. Todos somos un poco más egoístas de lo que parecemos. Separa las agendas de los demás de lo que es verdadero, auténtico y se ajusta a tus valores.[20] Es tu vida, no la suya.

### Ponte en contacto con las señales de tu cuerpo

Por último, ponte en contacto con tu cuerpo para saber cómo se siente un sí o un no.[21] Los deportistas son personas muy físicas que saben más que nadie sobre sus capacidades fisiológicas y anatómicas. Sin embargo, puede resultar difícil concentrarse en lo que te dice tu instinto. Hay que acostumbrarse a escucharlo. Si una actividad te despierta entusiasmo, eso es un *sí*. Si alguien que te ofrece una oportunidad te inspira temor o inquietud, es un *no*.[22]

## VISUALIZA DIARIAMENTE EL ÉXITO DE TUS OBJETIVOS

Centrarte en una trayectoria determinada en tu vida requiere una fuerte conexión mente-cuerpo. Una forma de seguir avanzando en la dirección correcta es utilizar el poder de la visualización.

Un hombre atrapado en una situación desoladora sólo tenía su mente y nada más, para mantener la cordura. En la década de 1970, Natan Sharansky fue encarcelado en una espantosa prisión siberiana por el gobierno ruso, asumiendo que era un espía estadounidense.

Pasó 12 años en una celda minúscula y estrecha, sin nada que hacer y sin nadie con quien hablar. Sólo estaba él y su mente. Sharansky se las arregló manteniéndose ocupado con el ajedrez. Ajedrez *mental*.[23]

Sí, jugaba al ajedrez mentalmente. Empezó a visualizar el tablero de ajedrez y a hacer jugadas contra un oponente imaginario. Como se puede imaginar, le costaba mucho trabajo imaginar algo sólo de memoria. Aun así, Sharansky siguió haciéndolo hasta que el tablero y las piezas individuales se hicieron claramente visibles en su mente. Calculó sus respuestas a innumerables jugadas posibles. Finalmente, imaginó un oponente digno contra el que jugar: el campeón del mundo de la época, Gary Kasparov.

Pasaron doce años y Sharansky fue finalmente liberado bajo la presidencia de Bill Clinton. Regresó a Israel. Un fatídico día, Gary Kasparov visitaba Israel para asistir a un evento de ajedrez. Sharansky también estaba allí y fue uno de los cinco oponentes de Kasparov. Finalmente, fue el único que logró vencer a Kasparov.

Todo fue gracias al poder de la voluntad y la visualización.[23] Para cuando Sharansky se enfrentó a la realidad, era como lavarse los dientes o dar un paseo; era automático.

El entrenamiento no tiene por qué ser siempre un trabajo duro. Puedes utilizar el poder de tu imaginación para practicar, literalmente. Por ejemplo, puedes visualizarte a ti mismo realizando tu régimen de entrenamiento, especialmente los aspectos más difíciles que nunca consigues superar. O puede que visualices la rutina diaria deseada que te llevará al éxito, reproduciéndola en tu mente cada noche como si fuera una película. O puede que incluso visualices el final: el resultado positivo de tus esfuerzos.

Según un estudio, los mismos patrones cerebrales que se activan al levantar pesas en el gimnasio se disparaban cuando los levantadores de pesas se visualizaban a sí mismos levantando.[24] Muchos deportistas utilizan esta técnica no sólo para perfeccionar sus habilidades, sino también para conceptualizar cómo enfrentarse a cualquier jugada inesperada, como prepararse para cualquier cosa en una partida de ajedrez. Tiger Woods y Muhammad Ali, han utilizado esta técnica para aumentar su rendimiento. En todo caso, la visualización aumenta la confianza en uno mismo.

Si te cuesta visualizar algo mentalmente, no te preocupes. Las primeras veces te resultará confuso, pero mejorarás con la práctica. Un truco que puedes probar es el siguiente: antes de intentar algo, como lanzar una pelota a un aro, cierra los ojos durante unos segundos y ten esa imagen delante de ti. Visualízate realizando el tiro. Después, abre los ojos y déjalos libres. Con el tiempo, la visualización y otros ejercicios mentales, pueden mejorar la conexión entre tu cognición y tu cuerpo.

Hagas lo que hagas, asegúrate de asociar a tu visualización una emoción positiva, como el alivio, la alegría, el orgullo, la felicidad o la emoción de la victoria.

**Prueba esto:** Pon en marcha tu autorreflexión probando los siguientes consejos:

## EMPIEZA A ESCRIBIR A DIARIO PARA DESCUBRIR Y REFLEXIONAR SOBRE QUIÉN ERES

Escribir un diario es una herramienta clave para mejorar la salud mental.[25] Es como una sesión de terapia de bricolaje en la que puedes descargar tus ansiedades, reconsiderar los pensamientos negativos y hacer frente al estrés de cada día.

### Beneficios de escribir un diario constantemente

- **Autoconocimiento:** Escribir un diario te permite aprender más sobre ti mismo y sobre lo que realmente quieres en la vida. Conocerte a ti mismo es el mejor poder que puedes tener. El autoconocimiento abre una base sólida que te ayuda a mantenerte firme incluso cuando las opiniones de los demás amenazan con desviarte.

- **Alimenta tu objetivo:** Utiliza tu diario para recordar tu propósito u objetivo principal. La vida puede distraernos a menudo de lo que es importante, pero llevar un diario nos proporciona una forma de inculcar diariamente esa pasión por nuestro objetivo. Haz que tu objetivo sea tan prioritario que te obsesiones con hacer lo que sea necesario para alcanzarlo.

- **Toma mejores decisiones:** Trabajar el proceso de pensamiento sobre el papel te ayudará a tomar decisiones más claras y lógicas.

Empezar tu diario es fácil: sólo tienes que utilizar cualquier cuaderno, tan sencillo o tan lujoso como quieras, y empezar a escribir a diario. Añádelo a tu rutina, por la mañana o por la noche, y no filtres tus pensamientos.

### Crea un diario de éxito

Ser humilde está muy bien, pero subir el volumen de lo que se te da bien podría diferenciarte de otros atletas. A partir de ahora, escribe *tres cosas* que hayas conseguido cada día, aunque sea algo tan pequeño como levantarte una hora antes para entrenar o tan grande como batir tu propio récord de velocidad.[26]

### Ventajas de un diario de éxito

- Aumentar tu confianza y autoestima

- Conocer tus puntos fuertes

- Descubrir fortalezas ocultas de las que no eres consciente

- Acotar el rumbo de tu vida dejándote guiar por tus habilidades y talentos

Cuando perfiles tu objetivo y te embarques en él, es posible que encuentres algunos retos en el camino. Ya sean obstáculos externos

o internos, tienes que descubrir qué es lo que te frena y ya no te sirve
en el camino hacia el éxito.

# 3

# CONOCE LO QUE TE DERRUMBA

*"Y cada día, el mundo te arrastrará de la mano, gritando: "¡Esto es importante! ¡Y esto es importante! ¡Y esto es importante! ¡Tienes que preocuparte por esto! ¡Y de esto! ¡Y esto!" Y cada día, dependerá de ti tirar de la mano hacia atrás, ponértela en el corazón y decir: "No. Esto es lo importante".*

— Iain Thomas

El primer paso para desarrollar la fortaleza mental es enfrentarte a tu talón de Aquiles: tus puntos débiles, las cosas que te frenan y cualquier punto ciego externo o interno de tu vida. Sin esto, corres el riesgo de desgastarte repetidamente. Por mucho esfuerzo que inviertas en tu objetivo deportivo, es posible que sientas que estás perdiendo el ritmo y que algo te impide rendir al máximo de tus posibilidades.

Las cosas que te quiebran te debilitan a todo nivel. He aquí cómo puedes reducir esto en tu vida:

**TÉCNICA INFALIBLE #2: ACLARA LO QUE TE ESTÁ DETENIENDO**

El gimnasta irlandés Keiran Behan sólo tenía diez años cuando tuvo que ser operado de un tumor en el muslo.[27] Era un gimnasta en ascenso y muy prometedor a su corta edad. Después de que la operación saliera mal, Behan se vio obligado a estar en una silla de ruedas durante quince meses. La recuperación le hizo retroceder, pero incluso siendo un niño, volvió directamente al gimnasio después.

Tras varios meses intentando recuperar sus progresos gimnásticos anteriores a la operación, Keiran sufrió un traumatismo craneoencefálico que le provocó desmayos, falta de coordinación, dolores de cabeza y mucho más. Tuvo que faltar al colegio, utilizar un bastón, enfrentarse al acoso escolar y someterse a fisioterapia para mejorar su conexión cerebro-cuerpo. Aun así, se negó a renunciar a su objetivo de convertirse en campeón de gimnasia, aunque tardara tres años en recuperar su forma inicial, aunque sus huesos y tendones se forzaran en el proceso. Al final, Keiran se convirtió en campeón de la Copa del Mundo.

¿Qué podemos aprender de la historia de Keiran? Incluso los contratiempos más dañinos y permanentes pueden superarse, digan lo que digan los médicos, los seres queridos, los compañeros de clase u otras personas. No importa cuántas veces las lesiones frenaran físicamente a Keiran, él seguía teniendo un sueño desde su infancia que quería alcanzar. En lugar de decir: "¿Y si estropeo mi cuerpo?", buscó las mejores formas de recuperar su cuerpo después de cada caída e incluso superó la perspectiva de entrenar duro para volver a su estado de forma inicial. Esto es lo que significa encarnar el espíritu de un atleta resiliente.

También es lo que supone saber lo que te destroza, mental y físicamente. El ejemplo de Keiran nos muestra que cada contratiempo que experimentaba, no lo tomaba como una oportunidad para abandonar, sino como un problema a resolver.

A menudo, muchas personas (no sólo los atletas) ven un obstáculo como una razón para detenerse. Por supuesto, los obstáculos, las debilidades y los problemas son dolorosos. Debido a ese dolor, instintivamente intentamos evitar la situación abandonando. Al fin y al cabo, si un problema te impide practicar tu deporte, dejar de practicarlo hará que ese problema sea irrelevante.

Sin embargo, si afrontamos el problema en lugar de rendirnos, podemos verlo con más claridad. Entonces, podemos buscar las soluciones adecuadas.

Esto es lo que hizo Keiran. Lo que vivió fue tan agotador emocionalmente que podría haber abandonado la gimnasia hace mucho tiempo. Puede que las cosas a las que nos enfrentamos la mayoría de nosotros no sean tan graves como las de Keiran, pero cualquier dificultad puede destruir nuestra moral, motivación y determinación para seguir adelante.

¿Y si pudiéramos encarnar el espíritu de Keiran? Si pudiéramos conocer nuestros puntos débiles en lugar de fingir que no existen, se nos abriría un enorme abanico de oportunidades. Crea combustible a largo plazo para superar los obstáculos y mantenerte en el camino hacia la meta.

Esto se consigue averiguando qué es lo que te frena. Dicho esto, he aquí algunas cosas comunes que pueden frenar a cualquiera:

1. Demasiada complejidad

2. Pobre regulación emocional

3. Ignorar las necesidades básicas

Identifica qué obstáculos son específicos para ti y enfréntate a ellos con decisión.

## OBSTÁCULO 1: DEMASIADA COMPLEJIDAD

La complejidad es un arma de doble filo. En el peor de los casos, es una mala noticia tanto para el cerebro como para el alma.[29] La atención es limitada, pero hay una cantidad increíble de información que almacenar, pensar, considerar y recordar. En un momento dado, sólo se puede retener una cantidad limitada de información en la memoria. Tener demasiadas cosas en la cabeza puede impedirte concentrarte y mantener el rumbo. Puede que tengas que priorizar las cosas para mantener la mente despejada.

Las cosas deben ser lo más sencillas posible.

¿Cómo puedes simplificar tu vida?[30] Hay algunas cosas que puedes hacer:

1. Dejar, aplazar, delegar

2. Eliminar hábitos contraproducentes

3. Detener el "parloteo" mental

4. Trabajar en la gestión del tiempo

5. Ser consciente de tus decisiones

La mayoría de las veces, no necesitas toda esa complejidad. Cuantas más cosas elimines, más tranquilo estarás y mejor podrás concentrarte en lo importante y dedicar tu tiempo y energía a tus obligaciones y objetivos principales. Puedes identificar mejor las oportunidades y las soluciones cuando dejas de lado el ruido del mundo.

Simplificar la complejidad es esencial tanto en el ámbito físico como en el mental. Como deportista, debes optimizar tu entorno para tener las máximas posibilidades de éxito. Eso significa mantener tu casa o tu dormitorio limpios, tus cosas organizadas y el desorden fuera de la vista. Un entorno ordenado y limpio te dará tranquilidad.

### *Dejar, aplazar y delegar*

Reconozcámoslo: no todo lo que haces en tu vida diaria te ayuda a ser la mejor versión de ti mismo. A veces pensamos que para ser los mejores o los más grandes, tenemos que hacer todas las pequeñas tareas que se nos piden. Pero eso no es cierto. A veces, sólo tienes que decir "no" y aprender a dejar que los demás te ayuden cuando sea necesario.

Independientemente de dónde te encuentres en la vida, haz un inventario de lo que haces y aprende a decir "no" a las cosas que no te sirven. O, simplemente, delega en otros y considéralo una prioridad menor. Este principio lo utilizan las personas de éxito en los negocios, pero puede funcionar para cualquiera, incluidos los deportistas.

Por ejemplo, si estás centrado en una próxima competición, tendrás que aplazar o posponer cualquier nueva oportunidad para eventos deportivos anteriores. Si tu agenda está siempre repleta, puede que quieras empezar a decir no a actividades o compromisos para poder reservar algo de tiempo para el descanso, la relajación y la contemplación.

### Eliminar los hábitos autodestructivos

Simplificar la complejidad también significa eliminar las cosas innecesarias de tu vida, concretamente las que puedes controlar. Algunas de estas cosas son ciertos hábitos que te parecen normales, pero que en realidad pueden estar frenándote.

Por ejemplo, pensar demasiado es un hábito común que no sólo puede aumentar la complejidad de una situación, sino también atascarte y hacerte perder tiempo. Puede parecer que avanzas un paso y retrocedes dos. Los patrones mentales poco saludables llenan la mente de pensamientos y parloteos inútiles. Incluso pueden manifestarse en forma de autoconversaciones negativas y provocar sentimientos de bajón que te disuaden de mantenerte decidido.

Para eliminar los hábitos autodestructivos, prueba estos pasos:[31]

1. El primer paso para eliminar los hábitos autodestructivos es ser consciente de tus acciones. Empieza por prestar atención a cómo piensas y te comportas ahora. Cuanto más consciente seas de ti mismo, antes te darás cuenta de que estás adoptando hábitos perjudiciales.

2. El trabajo constante y a largo plazo empieza con una decisión. Es crucial que, si quieres reducir los hábitos autodestructivos, te comprometas a cambiar tu vida.

3.

La mayoría de los hábitos autodestructivos empiezan con pensamientos negativos. Intenta alimentar una mentalidad positiva repitiendo mantras y afirmaciones de apoyo a diario o interrumpiendo la corriente de pensamientos negativos con pensamientos racionales y equilibrados.

4. Céntrate en tus objetivos y haz que este cambio de hábitos nocivos para ti mismo sea uno de ellos. Conectar el cambio de comportamiento con el panorama general te sitúa en perspectiva y aumenta la motivación para seguir adelante con el proceso de cambio.

5. Recuerda que lo que cuenta es mejorar. Aunque sólo mejores un 1% cada día, eso vale mucho. Las investigaciones demuestran que centrarse en objetivos basados en la superación en lugar de en la perfección aumenta tu actitud positiva, por lo que es más probable que te mantengas firme en tu cambio de hábito.[32]

Como cualquier otro hábito, los que son perjudiciales para uno mismo necesitan alternativas. Reemplázalos por otros más saludables. Intenta centrarte en los hábitos negativos que más te preocupan. Por ejemplo, puedes contrarrestar el exceso de pensamientos con la meditación, la autoconversación positiva y la escritura de un diario.

### Gestiona tu tiempo

Por último, reduce la complejidad dominando tu tiempo. El tiempo de un deportista es su mayor activo. Sin embargo, es fácil caer en comportamientos o actividades sin sentido que pueden hacerte perder el tiempo. Si quieres alcanzar tu gran sueño, no tienes tiempo que perder. Simplifica tu agenda y prioriza las actividades que contribuirán a tu objetivo. Si dominas tu tiempo, el tiempo que dedicas a las cosas se reducirá de semanas a días y de días a horas.

### *Sé consciente de tus elecciones*

Al final del día, acostúmbrate a examinar cada acto que hagas o cada decisión que tomes. Pregúntate: *"¿Me está acercando a mi objetivo o no?"*.

Si no estás seguro de si un hábito te está perjudicando o no, tienes que reflexionar. Por ejemplo, algunos deportistas pueden pensar que ser excesivamente críticos y autocastigarse mentalmente les empujará a hacerlo mejor. En realidad, es más probable que esto te derrumbe.

## OBSTÁCULO 2: FALTA DE AUTORREGULACIÓN EMOCIONAL

El control de las emociones es una parte importante de la adquisición de fortaleza mental. Sin embargo, muchas personas no están en sintonía con sus emociones. Esto significa que pueden ser incapaces de gestionarlas, especialmente en el momento actual.

La mayoría de la gente se comporta por miedo y no por amor. En otras palabras, funcionan en modo automático: no son acciones deliberadas y conscientes. Puede que tú también seas una de estas personas. Al fin y al cabo, aprender y desarrollar la autorregulación emocional es un viaje que dura toda la vida.

En este caso, hay dos posibles factores que pueden estar frenándote:

1. La gente que te rodea reacciona por impulso debido a emociones negativas

2. Eres incapaz de evitar que el miedo dirija tus acciones

Para gestionar lo que podría destrozarte emocionalmente, tendrás que aprender a:

- Gestionar tus emociones y reacciones

- Lidiar con los vampiros de energía

- Fijar límites saludables

- Evitar que las personas tóxicas te depriman

- Aumentar tu autoconocimiento

### *Gestionar las emociones y reacciones*

Empieza por lo que está directamente bajo tu control, aprendiendo a regular tus emociones. Aprender a dejar ir el miedo, o más concretamente, a superarlo, es una habilidad clave que puedes perfeccionar.[33] El miedo puede hacer que evites lo que tienes que hacer, que te sientas paralizado y que te invadan sentimientos de ansiedad.

En el ámbito profesional del deporte, el miedo puede inmovilizarte, impidiéndote rendir al máximo. Tanto si temes fracasar como si tienes miedo de aprovechar una oportunidad, gestionar el miedo es esencial.

Puedes hacer algunas cosas para soltar el miedo, muchas de ellas respaldadas por la investigación y otras por los antiguos pensadores estoicos.[34]

1. En primer lugar, anota todos tus miedos. Coge un papel y anota todo lo que te acelera el corazón o te revuelve el estómago de ansiedad.

2. Una vez que tengas la lista, rodea con un círculo los que tengan más probabilidades de alejarte de tu objetivo, es decir, de tu visión atlética.

3. Ahora debes enfrentarte a ellos. Sí, la única forma de superar el miedo es a través de él: afrontándolo en tus propios términos. Decídete a sentir gradualmente ese miedo y a hacerlo de todos modos.

4. Para cada uno de tus principales miedos, visualiza lo que puedes hacer para afrontarlos cuando aparezcan.

5. A continuación, elabora un plan para seguir actuando a pesar de cada miedo.

Por ejemplo, si eres gimnasta y temes resbalarte ante el público, prioriza ese miedo. Haz un plan con todo lo que puedas hacer para prepararte para ese resultado. Tal vez entrenes más duro. Tal vez practiques técnicas de protección para evitar perder el agarre. Documenta todos los posibles puntos débiles que podrían provocar ese desenlace. A continuación, ejecuta el plan. Perfecciona tus habilidades para protegerte del resultado que te aterroriza.

Otra forma de pasar a la acción es simplemente visualizarse cayendo y practicar el sentirse bien con ese resultado. Esto se denomina *visualización negativa* y se ha demostrado que aumenta la aceptación de las personas y reduce los efectos destructivos de la d ecepción.[35] Familiarizarse con el peor escenario posible te ayudará a estar mental y emocionalmente preparado para cualquier cosa. El miedo a que las cosas salgan mal es mucho peor a que salgan mal. Es mucho mejor caerse delante de una multitud una docena de veces que arriesgarse a que el miedo te paralice.

Hay un montón de técnicas prácticas para utilizar en medio de un momento de miedo. *Controlar la respiración* es una de ellas. Respirar hondo y mantener constantes las inhalaciones y exhalaciones, incluso cuando el corazón late descontroladamente, puede regular el sistema nervioso. Y lo que es más importante, te ayuda a sentir que controlas mejor la situación. Aunque tengas poco que decir sobre el resultado final, sigues teniendo control sobre tu respiración, tu mente y tu cuerpo.

Mentalmente, utiliza la *visualización positiva* en esos momentos de alto riesgo para mantener la calma y centrarte. Ten una imagen o un lugar en tu mente que te llene inmediatamente de paz, ya sea imaginarte con una medalla de oro o rodeado de tu familia en la cena de Navidad.

Las personas que te rodean pueden deprimirte con sus miedos y reacciones negativas. Los vampiros energéticos son personas que te chupan la energía (no la sangre). Puede que pasar tiempo con ellos te deje agotado. Además, pueden actuar de forma manipuladora. Pueden ser egocéntricos. Sean o no conscientes de su comportamiento, los vampiros energéticos pueden causarte mucho estrés.[33]

Para evitar las garras de los vampiros de energía, prueba estos consejos recomendados por la doctora Christiane Northrup, autora de *Dodging Energy Vampires:*[36]

- **Balancearlos en gris:** Roca Gris se refiere al acto de no responder de la manera que un vampiro de energía quiere. Sé breve, aburrido y desinteresado. A menudo, se sentirán desanimados por el nuevo comportamiento, pero sólo porque no les estás prestando atención. Si se preguntan por qué has cambiado, di que estás cansado. Con el tiempo, perderán el interés.

- **Mantener una fría indiferencia:** Nunca reacciones exageradamente ni muestres demasiadas emociones ante un vampiro de energía. Les encanta alimentarse de las emociones y utilizarlas para potenciar sus arrebatos. Por el contrario, mantener la calma y la indiferencia los desconcertará.

- **Aprender a decir "no":** No tengas miedo de decir que no al vampiro de energía, aunque sean infelices. Si te hacen sentir culpable, sabrás la verdad: no tienen buenas intenciones.

- **Sacarlos de tu vida:** Si alguien te agota más de lo que te da energía, plantéate sacarlo de tu vida. Si la relación no es saludable ni beneficiosa para ambas partes, sino que afecta a tu vida e incluso a tu deporte, es hora de poner fin a las cosas.

- **Saber cuándo marcharse:** Ofrecer simpatía a alguien que se está desahogando está bien. Pero cuando la conversación se centra mucho en los problemas del vampiro de energía, es hora de marcharse. Sabrás si ha llegado el momento cuando el vampiro energético se queje, por muchas soluciones que le ofrezcas.

Tanto si las personas que te rodean son vampiros energéticos como si no, tener límites es fundamental en todo momento.

*Fijar límites saludables*

Los límites son las líneas que separan tu espacio físico y emocional del de los demás.[37] Pero no es sólo un muro creado por uno mismo; también es una forma de respetar tus necesidades y deseos en cualquier interacción con otra persona. En otras palabras, gestionas y equilibras tus necesidades con las de los demás.

¿Qué significa exactamente tener límites poco saludables? Puede significar no tener ningún límite. Puede significar que no los has definido de forma sólida y coherente o que no estás aplicando activamente tus límites. Una relación dinámica con límites poco saludables se da cuando dos personas en una relación, ya sea profesional, amistosa o familiar, tienen un desequilibrio en la satisfacción de necesidades. Por ejemplo, una persona puede ser más locuaz y exigente con lo que necesita, mientras que la otra es más complaciente y reprime sus necesidades. También se parece a sentirse responsable de cosas que no se pueden controlar. Independientemente de cómo se manifiesten, los límites poco saludables son exactamente eso: poco saludables. Con el tiempo, pueden ser un lastre para el bienestar de una persona.

La fortaleza mental no consiste en ser capaz de manejar cualquier cosa que se te presente con fuerza y resolución. En realidad, se trata de controlar tu tiempo y tu energía en relación con otras personas y de adquirir la asertividad necesaria para mantener tus límites. Si tus amigos te presionan para que salgas con frecuencia, incluso cuando no te apetece o sabes que preferirías estar practicando tu deporte, los límites te ayudan a equilibrar tus deseos y necesidades con los de los demás. Un ejemplo de límite es dedicar los fines de semana a salidas sociales y divertidas y los días laborales a entrenar.

Crear y mantener unos límites saludables reduce la desregulación emocional. Te centras en lo que valoras, te respetas y sólo eres responsable de lo que controlas.

¿Qué está bajo tu control? Tus pensamientos, emociones, actitudes, perspectivas, creencias, discurso y acciones. De nadie más. Cuando lo veas así, podrás empezar a pensar de forma crítica sobre lo que realmente importa y lo que no.

Sin embargo, aunque te domines, es inevitable que te cruces con gente difícil. Es bueno prepararse para lidiar con ellas cuando llegue el momento.

### Cómo evitar a la gente tóxica

Las personas tóxicas suelen ser egocéntricas, manipuladoras y emocionalmente abusivas, y pueden causar problemas a quienes las rodean. Intenta estar atento a lo siguiente: si te mienten repetidamente o te hacen luz de gas, no se disculpan después de cometer un claro error o te hacen sentir como el malo de la película aunque lógicamente no hayas hecho nada malo. De lo contrario, pueden dominar la conversación constantemente, minimizar tu experiencia o volver todo hacia ellos.

Para evitar a las personas tóxicas, mantén las distancias, reduce lentamente el contacto y crea algo de espacio.[38] Por ejemplo, puedes ser cortés con un familiar sin implicarte demasiado ni compartir tus debilidades y vulnerabilidades. Pon límites, tanto mental como físicamente. Ten en cuenta que las acciones de los demás no son responsabilidad tuya.

Para complementar esto, debes conocer los signos de una persona cuyo comportamiento influye positivamente en tu vida: es emocionalmente inteligente, sabe perdonar y es el tipo de persona que puede dejar pasar las cosas y seguir adelante. Si la persona tóxica era muy cercana a ti, está bien que busques el apoyo de otra persona mientras lloras la pérdida de esa relación.

### Aumenta tu autoconocimiento

El autoconocimiento es fundamental para no dejarse dominar por el ego.[39] El ego es la parte de ti que es vulnerable a las críticas, al fracaso y a quedar mal. En todo momento, tu ego intenta mentirte para que puedas seguir sintiéndote cómodo y proteger la imagen que tienes de ti mismo. Esto significa que puedes estar ciego ante tus defectos o formas que pueden estar bloqueándote para conseguir lo que quieres.

La clave está en ser consciente de lo que te dices a ti mismo y de lo que haces en todo momento. La fortaleza mental no es posible sin autoconciencia. Si dependiera de tu ego, pensarías que estás bien como estás y que el mundo va a por ti. El autoconocimiento revela tus puntos débiles para que puedas afrontarlos de inmediato. Para ser más consciente de ti mismo, tienes que hacer algunas cosas:

- Conocerte más a ti mismo

- Sentarte contigo en silencio

- Tomar nota de tus progresos

- Buscar las opiniones de amigos, compañeros o entrenadores

Para *conocerte mejor,* escribe un diario.

Para poder *sentarte contigo mismo* en silencio y separar el parloteo de tu ego de la claridad de tu verdadero yo, prueba con la meditación.

Para *tener en cuenta tus progresos*, haz un seguimiento de tus objetivos y de lo que haces cada día en tu rutina para conseguirlos.[40] ¿Cuáles son tus expectativas? ¿Las estás cumpliendo? ¿Qué funciona y qué no?

Por último, para *buscar retroalimentación*, practica abrirte a las críticas y acéptalas con honor. Recuerda que no recibir críticas significa que no estás mejorando. ¿Cómo puedes hacerlo si no tienes una visión objetiva de lo que estás haciendo mal? Tu percepción de tu esfuerzo y tus habilidades difiere de lo que pueden ver los demás. Si quieres entrenarte hasta un punto en el que puedas unirte a las filas del mundo del deporte, necesitas tener una visión honesta de tu rendimiento

## OBSTÁCULO 3: IGNORAR LAS NECESIDADES BÁSICAS

Todos los seres humanos, especialmente los deportistas, necesitan tener cubiertas sus necesidades básicas para poder prosperar. Estas categorías incluyen: Físicas, Mentales, Emocionales, Espirituales y Sociales.[41]

**Físicas:** Cuida tu cuerpo sistemáticamente. Una dieta equilibrada es crucial para un deportista. Llénate de proteínas magras, verduras frescas, frutas y legumbres. Reduce la comida basura y el azúcar. Como atleta, ya realizas mucha actividad física, lo cual es estupendo. Sin embargo, eso significa que también debes descansar. Dormir de 7 a 9 horas por noche no es negociable para los atletas en crecimiento, ya que mejora la recuperación, la salud y el rendimiento.

**Mentales:** Cuidar tu cuerpo te ayudará a tener una salud mental estable.[42] Sin embargo, también es bueno realizar algunas actividades que aumenten tu bienestar, como tomar el sol, salir a la naturaleza, escribir un diario de agradecimiento, hacer descansos regulares y practicar la atención plena. Rompe tu rutina con tareas agradables y de poco esfuerzo, como leer, escuchar música o preparar una comida con la familia.

**Emocionales:** El estrés viene con la vida de un atleta. Para gestionarlo bien, limita los mensajes negativos de las redes sociales y aumenta las conexiones sociales positivas. Tómate en serio tus límites. Si un amigo necesita ayuda, pero tu batería emocional está baja, da un paso atrás y hazle saber que te pondrás en contacto con él más tarde. Para relajarte, dedícate a un hobby que no esté ligado a recompensas externas.[43]

**Espirituales:** Independientemente de tus creencias, cuidar tu lado espiritual o tu alma es esencial para la paz mental. Tanto si esto significa priorizar el culto a una religión específica como dedicarse a la meditación, el bienestar espiritual te mantiene centrado en tu propósito. Esto puede incluir escribir un diario y la autorreflexión.

**Sociales:** Aislarse nunca es bueno. Asegúrate de equilibrar el deporte con una vida social sana añadiéndolo a una rutina.[44] Deja un par de días de la semana libres para salir y socializar. Mantente conectado a través de mensajes de texto, llamadas y redes sociales. Considera la posibilidad de unirte a un club o de mantener vínculos estrechos con otros deportistas de tu especialidad.

Por encima de todo, asegúrate de llevar un estilo de vida equilibrado.[45] Demasiado de cualquier cosa, incluso de lo bueno, puede desestabilizarte.

**Consejo general:** Acostúmbrate a preguntarte: "¿Esto me ayuda o me perjudica?".

Para que te sirva de guía a la hora de responder a esta pregunta, compruébalo contigo mismo cada semana y anota las acciones que realizas o los hábitos que adoptas. A continuación, compáralos con tu yo superior: la mejor versión del campeón en el que te imaginas convertirte a lo largo del camino hacia tu objetivo. Compara: ¿se ajustan tus acciones actuales a la mejor versión?

Otra forma de ver esto es centrarse en las cosas que te aportan una inmensa alegría, satisfacción y un sentido de propósito. A continuación, intenta aumentar el número de esas actividades. Ya sea superando tu límite en la sala de pesas del gimnasio o volando por la pista, haz más por perseguir ese sentimiento de pasión. No te estanques en lo tedioso del deporte, sino ten más momentos de disfrute.

¿Qué haces con las cosas que te hacen daño?

Si tus acciones o hábitos no te ayudan o incluso te perjudican, haz un plan para cambiarlos.[46]

Esto no es fácil, ya que algunos hábitos son innatos. Sin embargo, debes *utilizar tu objetivo para motivar el cambio*. Sin motivación, será difícil mantener una renovación importante en los hábitos que te impiden cumplir tu objetivo.

De todos modos, estamos cambiando constantemente. Puedes dirigir tú mismo esos cambios aumentando las acciones que te ayudan y reduciendo las que no.

### *Cuándo pedir ayuda*

El hecho de que sea tu objetivo no significa que tengas que conseguirlo solo. Casi todos los mejores atletas del mundo tenían un mentor o entrenador al que admiraban o contaban con el apoyo de su familia y amigos. Ser independiente en el deporte puede dejarte aislado y buscando recursos a tientas. Pedir ayuda puede ahorrarte un tiempo muy necesario.

Dicho esto, pedir ayuda es difícil.

Puede que el orgullo te frene, o el miedo a pasar vergüenza o a agobiar a otra persona. No te preocupes: si es la persona adecuada, estará encantada de ayudarte. Si no, hay muchas otras personas.

Para pedir ayuda correctamente, ten en cuenta los siguientes consejos:[47]

1. No lo lamentes. Todo el mundo pide ayuda alguna vez, así que no tienes por qué disculparte.

2. Por cortesía, intenta pedir ayuda cara a cara. Hacerlo en persona garantiza que comunicas tu mensaje y tus necesidades adecuadamente.

3. No hay necesidad de ofrecer nada a cambio, ya que eso rebaja tu petición.

4. Cuando pidas ayuda, intenta ser lo más sincero posible. La gente no puede ayudarte del todo si no sabe lo que te pasa. No te andes con rodeos; sé directo sobre el problema, por qué es importante y cómo pueden ayudarte.

5. Por último, demuestra que has honrado a la persona poniéndole al día de las repercusiones de su ayuda. Esta es una mejor forma de expresar gratitud que un simple

"gracias".

**Prueba esto:** Ahora es el momento de evaluar qué puede estar afectándote y qué puedes hacer al respecto. Crea un plan de crecimiento personal que entrelace todas las facetas de tu vida: carrera, superación personal, educación y vida social.[48]

Averigua el qué, el por qué y el cómo.

- ¿Qué? Los objetivos específicos a los que aspiras.

- ¿Por qué? El propósito o la razón por la que los objetivos son importantes para ti.

- ¿Cómo? El camino a seguir para llevar a cabo tu plan y cómo evitar las cosas que podrían impedírtelo.

Ya sabes qué es lo que te frena. Estás tomando medidas activas para combatirlo. Ahora es el momento de centrarte en los aspectos positivos de tu vida: las cosas que te dan sentido y te fortalecen.

# 4

# CONOCE LO QUE TE FORTALECE

*"Aprende a ser lo que eres, y aprende a renunciar con buena gracia a todo lo que no eres."*

— Henri Frédéric Amiel

Deshacerse de todo lo que te retiene es una cara de la moneda. Después, es hora de ser todo lo que eres al máximo. Eso significa maximizar lo que te construye.

**TÉCNICA INFALIBLE # 3: RECONOCE LO QUE ES BUENO PARA TI**

La surfista Bethany Hamilton aprendió a surfear a una edad tem prana.[49] Como natural de Hawái, las olas eran su segundo hogar. Las cosas se complicaron durante un inesperado ataque de tiburón. Con un solo brazo, Bethany se vio obligada a aceptar su nueva vida.

En ese momento, tenía dos opciones. Podía tomarse la lesión como una señal de que nunca volvería a surfear. O bien, podría haber pasado un largo periodo de lástima, compadeciéndose de sí misma, antes de volver a intentar surfear cuando recuperara la moral.

¿Cuál eligió?

Bethany volvió inmediatamente a surfear sin perder tiempo compadeciéndose de sí misma. Vio su lesión como lo que realmente era: un reto, no una limitación. Reaprender a surfear con un solo brazo le hizo pensar de forma diferente. ¿Quién dijo que se necesitaban los dos?

Desarrollar la fortaleza mental significa estar dispuesto a aprender de los retos. Se trata de perseguir el crecimiento personal utilizando un problema como trampolín hacia el éxito. Por supuesto, no se trata de una solución única. Tendrás que encontrar las habilidades y estrategias de afrontamiento adecuadas para ser mentalmente fuerte.

Sin embargo, hay algunas habilidades fundamentales que pueden ayudarte a fortalecerte, incluso en tus momentos más difíciles:

1. Desarrollar la autoestima

2. Rodearse de personas que te apoyen

3. Aprender a tomar buenas decisiones

4. Practicar hábitos clave

Implementar estas cosas en tu vida creará un sólido sistema de defensa mental. Esto te ayudará a luchar contra las dudas, los retos físicos, los obstáculos psicológicos y todo lo que se interponga en tu camino hacia el éxito deportivo.

### *Desarrollar la autoestima*

La autoestima es el valor que uno se asigna a sí mismo.[50] Una baja autoestima puede deberse a la falta de una base interior sólida. Tal vez necesites validación externa para sentirte bien contigo mismo. Por este motivo, tu autoestima puede ser baja y tambalearse fácilmente con los contratiempos.

Estos son algunos indicios de que sufres de baja autoestima:

- Diálogo interno negativo

- Ignorar los aspectos positivos de tu vida

- Resaltar lo negativo

- Sacar conclusiones precipitadas

- Pensamiento en blanco y negro

Un nivel saludable de autoestima te lleva a confiar en tus habilidades y capacidades.[51] Puedes construir y mantener relaciones positivas. Las críticas no te afectan tanto como te brindan la oportunidad de aprender. Además, una buena autoestima proporciona oportunidades para crecer en tus habilidades. Al fin y al cabo, crees que con la práctica puedes mejorar continuamente.

Cuando refuerces tu autoestima, notarás que:

- Los viejos desencadenantes ya no te afectan

- Puedes ver las situaciones con más lógica

- Perdonarse por un error es más fácil

- Se pasa rápidamente del fracaso reconociendo la lección

- Te puedes convertir en tu propio animador

Una autoestima fuerte es el nivel básico que todos necesitamos antes de pasar a endurecer nuestra mente. Para fortalecer la autoestima, puedes hacer algunas cosas:

1. Identificar y cuestionar las creencias negativas

2. Identificar lo positivo que hay en ti

3. Construir relaciones positivas

4. Darte un respiro

5. Ser más asertivo

6. Mejorar tu salud física

7. Asumir retos

Repasemos cada estrategia para que aprendas a aplicarla en tu vida.

### *Identificar y cuestionar las creencias negativas*

Las creencias negativas que tienes no las has decidido tú. Has llegado a tener ciertas creencias sobre ti mismo a partir de los mensajes que absorbiste de niño de tus padres, profesores, amigos, sociedad, medios de comunicación y otros. Estas creencias pueden ser ciertas o no. Lo único que sabemos es que las creencias negativas suelen ser perjudiciales y pueden mantenerte atascado en una baja autoestima.

La investigación nos dice que las creencias negativas limitan nuestras oportunidades. Si no crees en ti mismo, lo más probable es que no te arriesgues. Sin embargo, si crees que puedes hacer algo -sea objetivamente cierto o no- es probable que te arriesgues más. Entonces es más probable que acabes teniendo oportunidades maravillosas.

En el mundo del deporte, los atletas no tienen más remedio que creer en sí mismos. Una baja autoestima sólo te hará cargar con un equipaje adicional innecesario. Físicamente, puede que des un paso adelante, pero tus creencias negativas podrían impedirte dar cuatro pasos más. No querrás perderte ningún progreso, sobre todo si tú eres el obstáculo que se interpone en tu camino.

¿Cuáles son tus creencias negativas sobre ti mismo? Para tomar el control de tu autoestima, tienes que pensar por qué te sientes actualmente como te sientes. ¿Qué creencias conscientes o inconscientes tienes sobre tus capacidades?

Aquí tienes algunas creencias negativas comunes que pueden padecer los deportistas. Puede que te sientas identificado con algunas de ellas:

1. No soy tan bueno como otros en mi deporte.

2. No me siento como un auténtico jugador de baloncesto/fútbol/soccer, boxeador, gimnasta, nadador, etc.

3. Podría defraudar a mi equipo o a mi entrenador.

4. ¿Y si no tengo talento por mucho que me esfuerce?

5. Tengo miedo de pasar vergüenza delante de todo el mundo.

Si te suena alguna de ellas, prueba a sacar tu diario de confianza y anótalas. Escribir en un diario suele ser el método más adecuado para profundizar en nosotros mismos. Cuando escribes libremente sobre un tema personal, por arte de magia se te ocurre algo que nunca antes habías pensado. Ahora harás lo mismo para comprender y *cuestionar* tus creencias negativas.

A modo de resumen, he aquí la guía paso a paso:

1. Identifica tus creencias negativas y haz una lista.

2. Elige tus cinco principales creencias negativas.

3. En páginas separadas, escribe cada una de las cinco creencias en la parte superior.

4. Para cada creencia, escribe una frase que responda a lo siguiente:

    a. ¿Por qué crees que te lo crees?

    b. ¿Qué pruebas tienes de ello en tu vida cotidiana?

    c. ¿Hay alguna prueba en contra de esta creencia en tu vida cotidiana?

    d. ¿Te resulta útil seguir creyendo en esta creencia nociva?

    e. ¿Cómo sería tu vida si creyeras lo contrario?

5. En otro papel, o mejor aún, en un post-it, cambia esas creencias negativas por sus alternativas positivas. (Por ejemplo: "Tardo mucho en dominar una técnica nueva; me estoy quedando atrás". → "No importa cuánto tarde, me

comprometo a dominar cada técnica que aprendo. Estoy exactamente donde debo estar en mi viaje").

### Identificar lo positivo que hay en ti

Una de las mejores formas de reforzar la autoestima es recordar lo que hay de increíble en ti. Después, intenta aprovechar al máximo esos aspectos positivos.

Vuelve a tu diario y escribe una lista de todos tus aspectos positivos. Tal vez seas un líder nato o ambicioso. Sea lo que sea, anota todos los que se te ocurran. A continuación, elige tus cinco cualidades favoritas, ya sean las que más te gustan de ti mismo o las más fuertes. Ahora, piensa en al menos tres formas de potenciar al máximo cada rasgo positivo. ¿Cómo puedes implicarlo más en tu vida y en tu carrera deportiva? ¿En tus relaciones? ¿Cómo puedes potenciarlo? Reforzar lo que tienes de bueno te da un sentido más fuerte de ti mismo. Saber lo que aportas puede ayudarte a ganar más confianza en ti.

### Construir relaciones positivas

Las relaciones (las relaciones positivas) siempre te fortalecerán, sobre todo en lo que respecta a la autoestima. Sabrás que tienes una relación extraordinaria con alguien si sales de cada interacción sintiéndote seguro y bien contigo mismo.

Parte de esto consiste en esforzarse por construir una relación más positiva. Tener autoestima no es sólo cuestión de validación o de lo que otros puedan darte. Te sentirás más satisfecho contigo mismo si también inviertes en una amistad que merezca la pena.

Para construir relaciones más positivas:

- Dedica tu tiempo a las personas adecuadas. Acércate a ellas primero y mantén el contacto.

- Sé más abierto y expresivo con las personas con las que te sientas cómodo.

- Ofrece servicios amables sin condiciones.

- Apunta a comprender antes de centrarte en que te comprendan.

- Respeta los límites de los demás.

Los deportistas no son lobos solitarios. Ya sean compañeros de equipo, miembros de un club o un círculo social personal, las relaciones dan a los deportistas una razón extra para dar lo mejor de sí mismos.

### Darte un respiro

Las personas mentalmente fuertes no son mezquinas ni se menosprecian a sí mismas. Debes ser compasivo para construir tu autoestima. Trátate a ti mismo como tratarías a un amigo o a tu familia. Ser demasiado duro con otra persona nunca le permitirá sentirse bien consigo mismo. Lo mismo ocurre contigo.

Dicho esto, recuerda darte un respiro. Todos somos humanos. Cometer un error no es motivo para desanimarse, ni en la vida ni en el deporte. Como deportista, entiendes la importancia del descanso y la recuperación.

### Ser más asertivo

Cómo te respetas a ti mismo y a tu tiempo es un indicador de tu autoestima. Ser asertivo demuestra que te respetas a ti mismo y a los demás. Esto implica decir que no a demandas que podrías aceptar. Si sientes que tienes que decir que sí, significa que tu autoestima está por los suelos. Nadie *tiene* que decir que *sí a todo*. Defiende tus límites manteniéndote firme en tus decisiones.

### Mejora tu salud física

La salud física general contribuye a una buena autoestima, lo creas o no. El respeto que le das a tu cuerpo suele reflejar cómo te valoras a ti mismo. Por desgracia, descuidar la dieta, el sueño u otras necesidades de salud no es un indicador de autoestima. Suele significar que estás dando prioridad a otras cosas en tu vida.

Incluso anteponer el deporte a la salud es un problema. No sólo estás faltando al respeto a tu cuerpo, sino también a tu deporte al no estar en buena forma física para afrontarlo. Todos los expertos en éxito te dirán que lo primero es cuidar de ti mismo, y el éxito vendrá después. Asegúrate de mejorar tu salud física para que te sientas bien de forma natural para afrontar el día.

### Asume retos

Desafiarte a ti mismo en tus propios términos te ayuda a salir de tu zona de confort. Cuando superas esos retos, te sientes más competente y confiado en tu capacidad. Si te enfrentas a un reto varias veces, eso te da información sobre lo que puedes hacer mejor la próxima vez.

En general, asumir retos promete una experiencia que forjará el carácter, la autoestima y la seguridad en uno mismo. Si alguna vez te enfrentas a un reto, ya sea un partido difícil o un conflicto entre compañeros de equipo, intenta verlo con mejores ojos. Una vez superado el reto, lo más probable es que te alegres de que haya ocurrido. Te hace más fuerte y mejor en lo que haces. Si sabes esto, entonces puedes sentirte agradecido por el reto desde el principio. Este cambio de perspectiva puede cambiar tu forma de afrontarlo.

### *Rodéate de personas que te apoyen*

Se suele decir que uno es la media de las personas con las que pasa el tiempo. Aunque esto es discutible, es un buen argumento. Las personas que nos rodean pueden hacernos o deshacernos. Por mucho que nos guste pensar que tenemos pleno control sobre nuestros sentimientos y comportamientos, nuestros amigos pueden ser realmente influyentes. Lo que sí podemos controlar es el tipo de influencia que queremos: positiva o negativa. Un mal amigo puede hacer que te sientas aún peor sobre tu situación o culpable por dedicar tiempo a tus objetivos deportivos. Un buen amigo te apoya, pase lo que pase, siempre que estés haciendo lo que es correcto para ti.

¿Cómo puedes saber si merece la pena pasar tiempo con una persona?[52]

Hay algunas señales a las que hay que prestar atención:

1. **Honestidad:** Los buenos amigos son abiertos y comunicativos. No se andan con rodeos. Si tienen algún problema con la relación, no son pasivo-agresivos ni te hacen sentir culpable por algo que no estás seguro de haber hecho.

2. **Amabilidad:** Una persona verdaderamente amable se ofrecerá a pagar tu comida sin pedirte el dinero después. Son amables tanto en público como a puerta cerrada.

3. **Consideración:** Para que alguien sea solidario, debe interesarse por comprender y tener en cuenta los sentimientos de los demás. Un buen amigo será considerado y tendrá en cuenta cómo pueden afectarte sus palabras y acciones. Se esforzará por empatizar contigo y comprender tu punto de vista.

4. **Respeto a los límites:** Los límites son útiles porque son como un "detector de buenos amigos". Si haces valer tus límites ante alguien y no te respeta, sabrás inmediatamente que no debes perder el tiempo. Un buen amigo siempre te escuchará y respetará tus límites.[53]

5. **Te reconforta:** No debes sentirte nervioso ni cohibido cuando quedes con un buen amigo. Es fácil estar rodeado de amigos que te apoyan. Tanto si son reconfortantes por naturaleza como si tienen en cuenta tus necesidades, son las personas con las que debes quedarte.[54]

### Aprende a elegir bien

¿Cómo saber si estamos tomando buenas decisiones? Puede ser algo difícil de medir. Sin embargo, hay herramientas que puedes utilizar para mejorar tu proceso de toma de decisiones.[55]

1. Imagínate un año en el futuro. Esta práctica de visualización te ayuda a averiguar qué decisiones tienes que tomar para llegar a tu lugar ideal.

2. Escribe tus objetivos. Para asegurarte de que te ciñes a tu propósito basado en valores, lleva un registro de tus metas. Los objetivos diarios, semanales, mensuales y anuales te recuerdan lo que es importante. Cuando vuelvas a ellos,

podrás aclarar una decisión difícil.

3. Compara las opciones que tienes. Crea una lista de pros y contras para cada elección potencial. Si no te sirve de ayuda, piensa más allá. Puede que haya otras opciones que aún no hayas considerado.

4. ¿Hay algo que no sepas? Busca información. Quizá te falte una pieza fundamental del puzle que puede simplificar la decisión.

5. Sé objetivo. Aléjate y observa el panorama general. A veces, es más fácil que los demás vean la opción correcta para ti, incluso cuando tú no puedes verla. Eso es porque estás demasiado cerca, demasiado metido en tu cabeza. Toma distancia y mira el conjunto. En otras palabras, olvídate de ti mismo por un segundo. Si no te importara tu orgullo, el éxito, el dinero o las expectativas de la sociedad, ¿cuál sería la elección correcta a largo plazo?

6. Considera los errores que has cometido y encuentra la lección. Todos hemos tomado decisiones de las que nos arrepentimos en el pasado. No las desperdicies. Recuerda lo que aprendiste de esas "malas elecciones", ya que esa información puede ayudarte a anular las elecciones que definitivamente no querrías.

7. Pide consejo y opiniones a personas de confianza que te apoyen. Las personas que te conocen bien pueden darte una nueva perspectiva sobre lo que podría ser adecuado para ti.

8. Analiza las implicaciones a corto y largo plazo. Asegúrate

de no sacrificar el éxito a largo plazo por la gratificación instantánea a corto plazo. Piensa siempre en las decisiones como inversiones. ¿Tu decisión final te proporcionará el mejor rendimiento de la inversión?

Al fin y al cabo, recuerda esto: la indecisión es innecesaria. La indecisión proviene de la duda o del miedo a tomar la decisión equivocada. Sin embargo, no hay elección equivocada. Lo cierto es que lo que elijas será lo correcto para ti. Además, tu vida se alineará con tu elección.

Si haces una "mala" elección, es decir, una elección de la que te arrepientes, úsala como lección para la siguiente. Bajo ninguna circunstancia le des vueltas. Incluso las "malas" elecciones fueron las correctas para ti, porque te ayudaron a aprender algo.

### Practica los hábitos clave

Los hábitos clave son los hábitos importantes en la vida de cualquier persona que forman parte de su rutina.[56] Si falta alguno de estos hábitos o no se hace bien, puede crear un efecto dominó en el resto de tus hábitos y en tu bienestar general. Por ejemplo, una dieta llena de chatarra, bebidas azucaradas o saltarse comidas afectará a tu energía, higiene del sueño y niveles de estrés. Si no adoptas ciertos hábitos clave, como el autocuidado o la planificación, estarás aún más estresado y propenso a agobiarte.

Los hábitos clave son:

- Dieta saludable

- Rutina de sueño saludable

- Ejercicio

- Planificación

- Autocuidado

- Meditación

La investigación ha demostrado que crear hábitos positivos es mejor que centrarse únicamente en el autocontrol. No confíes en tu fuerza de voluntad. Eso te cansará y te llevará a realizar esfuerzos inconsistentes. En su lugar, céntrate en mejorar estos hábitos fundamentales.

### *Cómo crear hábitos duraderos*

Empieza por preguntarte a ti mismo. ¿Cómo es tu rutina actual? Identifica los hábitos que haces a diario sin darte cuenta. Piensa si te están ayudando o empeorando la vida.

Por ejemplo, si lo primero que haces al llegar del entrenamiento extraescolar es echarte una siesta, piensa en cómo está afectando a tu vida. Quizá te estropea el horario de sueño, te impide hacer los deberes a tiempo y te deja cansado por la mañana. En cambio, después de entrenar, puedes tomar un tentempié sano rico en proteínas y algo de fruta antes de ponerte con los deberes. Unos simples cambios y reorganizaciones pueden cambiar el resto de tu estilo de vida.

Ahora, puede que tengas muchos hábitos en los que trabajar. Hay una forma sistemática de mantener los cambios de hábitos.[57] En primer lugar, empieza por sustituir los malos hábitos. Elige un hábito cada vez y haz pequeños ajustes factibles. En segundo lugar, decide seguir este nuevo hábito y comprométete con tu decisión. Ahórrate disgustos identificando los posibles desencadenantes y obstáculos para llevar a cabo este hábito. Los hábitos vienen dictados por factores ambientales o emocionales. Por ejemplo, puede que tengas la costumbre de buscar tentempiés azucarados cuando estás triste. Piensa qué desencadena tus malos hábitos y crea un plan para evitarlos o afrontarlos mejor. Planifica siempre el éxito, pero prepárate para el fracaso.

Cuando tengas éxito, prémiate, posiblemente justo después de completar el hábito diario. Las recompensas fomentan el hábito y lo convierten en algo esperado.

Consigue el apoyo de tu familia y amigos para los obstáculos fuera de tu control o los días en los que tu voluntad no esté a pleno rendimiento.

Por último, celebra las pequeñas victorias después de un par de semanas o un mes de mantener el nuevo hábito.

**Prueba esto:** Elige *un* hábito clave y crea un plan. ¿Cómo lo incorporarás a tu vida?[58]

1. Elige un desencadenante que te indique este hábito.

2. Piensa en una recompensa que te darás a ti mismo para reforzar este hábito.

3. Crea un sistema de apoyo. Deshazte de lo que pueda impedirte seguir este hábito e informa a tus amigos y familiares para que puedan apoyarte.

4. Realiza un seguimiento diario de tu hábito en tu teléfono o en un diario para ver tus progresos.

5. Al final de las dos primeras semanas, reflexiona. ¿Cómo ha

contribuido este hábito a tu crecimiento? ¿Te ha ayudado a fortalecerte?

Practicar la creación de hábitos te mostrará cuánto poder puedes tener sobre ti mismo. La verdad es que puedes dominar lo que pasa por tu mente. Descubre cómo en el siguiente capítulo.

## BUENA VOLUNTAD GRATUITA

Cada uno tiene sus cosas personales que pueden fortalecerle. Sin embargo, también hay cosas generales que a todos nos convendría hacer. Algunas cosas que serían recomendables para todos son: aprender a hacer las cosas desinteresadamente, dar a los demás sin esperar una recompensa o validación, y pensar en la interconexión del mundo.

Piensa en ello. No eres el único que está pasando por lo que estás pasando. Si no, ¡no habría un libro entero escrito sobre ello!

Cuanto más medites sobre el hecho de que no estás solo, más fácil te resultará ser más fuerte. Reflexionar sobre el mundo fuera de nosotros nos ayuda a ver que nuestro problema no es más que una partícula en el universo. También nos ayuda a ver a los demás con más compasión, en lugar de ver el mundo como una carrera hacia la meta.

Un atleta o una persona mentalmente fuerte aprovechará la oportunidad de dar a otro o ayudar a alguien que solía luchar como ellos. Cuando tengas más sabiduría de la que tenías al principio, comprenderás mejor a tu yo del pasado y a las personas que se encuentran en tu misma situación.

Aún más, agradecerías la oportunidad de guiarles hacia conocimientos importantes de cualquier forma posible.

Por suerte, hay una forma en la que muchos ni siquiera piensan. Hay al menos una pequeña acción o palabra para todo que puede poner la pelota en marcha. En el caso de ayudar a otros deportistas deseosos de ser más resistentes, dejar una reseña puede tener un impacto enorme.

Muchos jóvenes deportistas están dando vueltas a la cabeza, trabajando más duro que nunca. Sin embargo, se preguntan por qué no se sienten realizados. ¿Por qué cada pequeño fracaso les hace sentir que se rinden? No entienden cómo su supuesta pasión puede agotarse tan rápidamente. O cómo es posible equilibrar sus objetivos deportivos con su vida social.

Nuestra misión con este libro es llegar a aquellos que son como tú. Si puedes, tómate unos segundos para dejar una reseña sincera de este libro que refleje el valor que has recibido. Tu reseña ayudará a los deportistas con dificultades a encontrar este recurso y a mejorar su destreza mental y física.

# 5

# DENTRO DE TU MENTE

*"De cuello para arriba es donde se gana o se pierde la batalla. Es el arte de la guerra. Tienes que encerrarte en ti mismo y elaborar una estrategia mental. Por eso los boxeadores van a los campos de entrenamiento: para apagar el ruido y concentrarse de verdad."*

– Anthony Joshua

## TÉCNICA INFALIBLE #4: DOMINA TU MENTE Y TU MODO DE PENSAR

Muhammad Ali fue un boxeador excepcional.[59] Pero no lo consiguió sin tener que asumir riesgos en el camino. Tuvo que hacerse amigo del riesgo en una época de segregación racial. Cuando parece que el mundo está en tu contra, puede ser difícil levantarse y abrirse camino. Pero Muhammad Ali lo hizo.

Empezó cuando le robaron la bicicleta siendo un joven adolescente. La mayoría de la gente lamentaría el problema, quizá ahorraría algo de dinero y compraría una bicicleta nueva. Quizá unos pocos privilegiados lo denunciarían a la policía. Sin embargo, hay que recordar que, como afroamericano, Muhammad Ali no disponía de esos recursos en aquel momento. Estaba solo.

A partir de ahí, se animó a aprender a luchar para poder cuidar de sí mismo en caso de que alguien volviera a amenazarle a él o a sus posesiones. Imagínense: no podía confiar en el sistema ni en nadie más. Cualquiera en esta situación sucumbiría comprensiblemente al entorno. Sin embargo, Ali se propuso hacer una cosa que siempre estaría bajo su control: contraatacar.

La historia de Ali es un ejemplo de cómo la perspectiva puede cambiarlo *todo*.

### El poder de la perspectiva

La perspectiva marca una enorme diferencia en la forma en que una situación afectará a tus sentimientos, reacciones y comportamientos.[60] Por ejemplo, tu entrenador se acerca a ti para hablar de tu rendimiento reciente. Se lo dice con relativo respeto, empezando por lo positivo y mencionando después algunas cosas en las que podrías trabajar. Dependiendo de tu perspectiva, puedes salir de la conversación sintiéndote bien o mal. Quizá sólo te centres en lo positivo, ignores lo negativo y sigas cometiendo el mismo error. Otra posibilidad es que te centres en lo negativo y sientas que decepcionas constantemente a la gente. Hay muchas más reacciones potenciales que puedes tener ante esta situación; la cuestión es que, aunque la situación es la misma en todos los escenarios, la única diferencia es cómo la percibes.

La perspectiva suele basarse en dos cosas: tu razonamiento de por qué ha ocurrido algo y lo que significa para ti.

Ante una crítica negativa, algunos pueden pensar que se debe a que son malos deportistas o a que su entrenador les está tomando el pelo. Ambas razones pueden llevar a alguien a centrarse sólo en lo negativo. Además, una situación así puede ser más significativa para unos que para otros. Cuanto más significativa sea, más poderosas serán las emociones que impulsen la perspectiva de alguien, ya sea buena o mala.

Además, la forma de racionalizar una situación y su significado depende de la experiencia de cada uno. Las personas que están acostumbradas a recibir comentarios pueden no dar tanta importancia a los comentarios de su entrenador. Puede que lo consideren positivo. Sin embargo, las personas con un historial de perfeccionismo y baja autoestima pueden sentir que es el fin del mundo.

La cuestión es que hay infinitas posibilidades para la perspectiva de una persona.

La gran noticia es que no tienes por qué ser una víctima. La perspectiva se puede cambiar con decisiones y acciones conscientes, y siempre puedes recuperar el asiento del conductor.

Para ello, es necesario dominar tus pensamientos.

### *Cómo dominar tus pensamientos*

Una falsa noción que tiene mucha gente es que los pensamientos son incontrolables. En realidad, no se puede confiar en todos los pensamientos. Muchos de ellos se basan en viejos patrones o creencias obsoletas. Casi todos no se basan en hechos. Tales pensamientos pueden confundir nuestra mente, creando interpretaciones erróneas o conclusiones inexactas.

Como atletas, no sólo debemos mejorar las habilidades que ex-
ige nuestro deporte, sino también nuestra mente. Una mentalidad
positiva es lo que nos permitirá seguir subiendo de nivel. La mentalidad correcta empieza por gestionar tus pensamientos.

Para ello, intenta lo siguiente:

- Acepta que tus pensamientos no siempre son ciertos.
  Puedes cambiarlos si quieres, cambiando tu perspectiva.

- Concéntrate en observarte a ti mismo en lugar de juzgarte.
  Siente curiosidad por lo que piensas y sientes sin juzgarte.
  Por ejemplo, en lugar de juzgar: "Me siento frustrado por
  mi bajo rendimiento de hoy. Estoy perdiendo mi habilidad
  como atleta". Observa: "Me siento frustrado por mi bajo
  rendimiento. No tengo que pensar ni actuar sobre ese sentimiento. Puedo sentarme con él hasta que se me pase".

Con el tiempo, puedes ser más objetivo. A veces es más fácil ver
que una situación no es tan mala desde fuera. O puede que veas
soluciones que antes no veías. La clave está en distanciarte de tus
pensamientos. Esto crea conciencia de ti mismo, lo que te demuestra que, al fin y al cabo, tú eliges aceptar o no tus pensamientos.

### Desarrolla la atención plena

El vertiginoso mundo moderno hace difícil ser simplemente consciente del momento y prestar atención deliberadamente. Nuestras
mentes están dispersas y apartadas por muchas cosas en nuestras
vidas que luchan por nuestra atención. Por desgracia, esto significa
que nos perdemos los beneficios de la atención plena.[61] Con ella,
podemos lograr un control increíble sobre nuestra mente.

Por suerte, la atención plena es una habilidad que se mejora cada vez que se practica. Y cuanto mejor la practiques, más dominio tendrás sobre tus pensamientos, sentimientos y acciones.

Aquí tienes algunos ejercicios excelentes de atención plena:[62]

1. Practica concentrarte en *una sola* cosa en un momento dado.

2. Cada día, intenta fijarte en una cosa durante unos minutos *sin juzgarla*.

3. Ponte en contacto con tus sentidos.

4. Practica *describir* tu estado sin criticarlo. A menudo, nuestros problemas vienen de no aceptar cómo nos sentimos. Tal vez no estemos motivados para esforzarnos de verdad en el entrenamiento y nos sintamos culpables o enfadados con nosotros mismos por sentirnos así. Elimina el ruido explicando simplemente cómo te sientes, sin darle un carácter negativo o positivo. Descríbelo mentalmente o escríbelo, y no menciones cómo "deberías" sentirte. Habla de las sensaciones físicas y mentales de la emoción. Se trata de una exploración, una forma de ser consciente de tu experiencia con *aceptación*, que puede resultar incómoda al principio.

### *Lucha contra tu crítica interna negativa*

La autoconversación es exactamente como suena. Es la voz dentro de tu cabeza que utilizas cuando hablas contigo mismo. En psicología, la autoconversación es muy importante por su tremendo impacto. Hablar negativamente de uno mismo puede ser lo mismo que tener siempre encima a un amigo o a un padre que te maltrata verbalmente.[59] Puede provocar estrés crónico, depresión, baja autoestima y frenar el crecimiento de tus objetivos deportivos.

Si tu crítico interior es difícil de identificar, estate atento a cualquier signo de negatividad de esa voz. Cosas como "No puedo hacer esto" o "Si no es perfecto, no debería molestarme" son algunas señales comunes.[63]

Con el tiempo, te darás cuenta de que hay dos personas en tu cabeza: el crítico y tu yo real. Cuanto más te fijas en el crítico, más fuerte se hace tu "yo real". Esto se debe a que cada vez sientes más esa separación del discurso negativo.

Es útil ponerle nombre a este personaje interior. Conviértelo en una caricatura ridícula que puedas descartar fácilmente.

Una forma de luchar contra tu crítico interior es mantenerte presente.[64] Mantén tu mente en el aquí y ahora tanto como sea posible. El estado "presente" suele ser lo que muchos atletas llaman el estado de flujo, cuando estás en plena actuación y tu cuerpo y tu mente están sincronizados con los movimientos, el juego o el deporte. El cerebro no está en piloto automático, sino completamente centrado en el momento que tienes delante. Es una especie de calma estimulante en la que se produce la magia.

Además de estar en el presente, es fundamental reemplazar al crítico. Sustituye esa voz por la de un amigo alentador o un estratega neutral y objetivo. La voz del "amigo" puede tomar como modelo a una persona real de tu vida. Piensa en lo que podría decir en lugar de tu crítico. En cuanto al estratega neutral, simplemente cambia tu lenguaje negativo por un lenguaje más neutral.

Por ejemplo:

- "Esto es muy difícil". → "Preferiría no...".

- "Voy a fracasar". → "No estoy seguro de cómo me irá...".

- "No tengo ninguna posibilidad de ganar". → "Siendo realistas, existe la posibilidad de que gane o pierda".

Esta técnica disminuye el poder de la negatividad y hace que la situación sea soportable y realista. Es un trampolín hacia la positividad. A veces parece falso saltar del pesimismo al optimismo, como si nos mintiéramos a nosotros mismos. Con la neutralidad, reconocemos nuestra opinión o emoción sin dejar de saber que, de todos modos, podemos sobrellevar la situación.

### *Reformula tus pensamientos*

Cambiar tus pensamientos de la noche a la mañana no es realista. Sin embargo, al menos puedes acostumbrarte a hacerte una pregunta crucial: ¿cómo podrías pensar en esta situación de otra manera?

Reencuadrar los pensamientos consiste en considerar formas alternativas de ver las cosas.[66] De hecho, es la idea principal de la terapia cognitivo-conductual.[67] Si ahora sabes que quizá no todos tus pensamientos sean ciertos, tendrás que pensar de forma diferente.

La atención plena es el primer paso. Te ayuda a ser consciente de los pensamientos que no son útiles. Cuando te acostumbres a detectarlos, podrás empezar a sustituirlos por otros útiles. Con suficientes acciones repetitivas, tu cerebro se acostumbrará a tener más pensamientos útiles que inútiles, y se convertirá en un hábito.

Otra cosa que hay que recordar es que a veces la verdad no importa. En lugar de preguntarte si un pensamiento tiene pruebas suficientes, considera lo útil que te resulta. Si sólo te provoca ansiedad y angustia, no es tan útil. Eso significa que es hora de considerar formas más útiles de replantear el pensamiento.[68]

Por ejemplo, intenta observar tus pensamientos de la siguiente manera:[69]

Tienes el pensamiento: "Mi entrenador me acaba de decir que mi tiempo para esta carrera es inferior al habitual. Voy a quedar el último en la próxima competición".

¿Es útil este pensamiento? Estás sacando conclusiones precipitadas. Te está estresando aún más la competición, lo que podría afectar a tu concentración, tu salud y tu rendimiento. ¿Cómo puedes reformularlo para que sea más útil?

Inténtalo: "Sea cual sea el resultado del próximo encuentro de atletismo, estoy deseando volver a mi récord original e incluso superarlo. De hecho, me alegro de este reto porque llevo un tiempo estancado. Es una oportunidad para alcanzar una meta personal mejor".

### Examina tus pensamientos

¿Tus pensamientos te ayudan o te limitan? Las personas mentalmente fuertes saben guiar sus pensamientos por el camino correcto. El camino correcto conduce al objetivo final o a la aspiración. Saben que si quieren mantener su compromiso, sus pensamientos tienen que ayudarles. Si algún pensamiento no ayuda a la causa, hay que echarlo.

¿Cómo saber si un pensamiento es verdadero o no?

Busca los hechos que apoyan el pensamiento y los que están en su contra.[65]

Imagina un universo alternativo en el que *no tuvieras este pensamiento*. ¿Qué harías? ¿Cómo te sentirías?

En resumen:

1. ¿Es este pensamiento un hecho?

2. En caso afirmativo, ¿qué pruebas respaldan esta idea?

3. ¿Puedes encontrar alguna prueba que se oponga a este pensamiento?

4. ¿Qué pasaría si no tuvieras este pensamiento? ¿Qué pensarías en caso contrario?

5. ¿Cómo te sentirías y qué harías si no tuvieras este pensamiento?

### Domina tu concentración

La concentración es una habilidad clave en el deporte. Si el ruido de la vida diaria es demasiado fuerte, puede convertirse en una barrera en tu carrera deportiva. En lo que te concentras es en lo que vuelcas energía y esfuerzo. Eso significa que debes perfeccionar esta habilidad, que no es tan compleja. La capacidad de atención no es un talento que unos tengan y otros no. Cuanto más la practiques, mejor te irá.

Para dominar tu concentración, sigue estos pasos:

- Meditación

- Ejercicios de enfoque consciente

- Dejar de hacer varias cosas a la vez

## Meditación

¿Cómo mejora la meditación la concentración? El objetivo de la meditación es reducir el vagabundeo mental.[70] Siéntate quieto e intenta prestar atención a tu respiración. Cada vez que notes que tu mente se aleja de ti, vuelve a centrarte en la respiración en cuanto seas consciente de ello.

De este modo, la meditación ejercita dos músculos: la autoconciencia (tu capacidad para darte cuenta de lo que estás haciendo en cada momento) y la capacidad de atención. La primera vez que medites, puede que tu mente divague cada quince segundos. La décima vez que meditas, tu mente puede divagar cada minuto, lo que significa que has aumentado tu capacidad de atención.

## Ejercicios de enfoque consciente

Los ejercicios de concentración son tareas desafiantes que mejoran la concentración, el recuerdo y la claridad mental en general.[71] Cuanto más ejercites, más tiempo podrás dedicar a una tarea tu energía mental.

A continuación se indican algunos ejercicios de concentración útiles que puedes empezar a realizar ahora:

1. Leer un libro.

2. Escuchar activamente.

3. Concentrarse en realizar una actividad física durante un periodo de tiempo sin parar.

4. Hacer crucigramas.

Prueba juegos de contar desafiantes. Cuenta hacia atrás a partir de un número alto, como 100 o 500. Intenta contar cada dos números o saltar cada tres números. Practica recordando la tabla de multiplicar.

### Deja de hacer varias cosas a la vez

La multitarea es un asesino de la productividad. Incluso la realización simultánea de dos tareas sencillas no ahorra tiempo. Esto se debe a que cuando realizas varias tareas a la vez, tu cerebro tiene que trabajar duro para cambiar de una tarea a otra. Ese proceso de cambio de tarea lleva mucho más tiempo y consume más energía de lo que crees. Eso significa que la calidad de cada tarea puede no ser tan buena si la hubieras hecho solo. Además, te sentirás más cansado a diario, que no es lo que queremos si nuestro objetivo es afrontar cada día con éxito.[72]

Si hay algo que deberías hacer para mejorar tu concentración, es dejar de hacer varias cosas a la vez. Esto es lo que puedes hacer:

- Apaga el teléfono o las notificaciones mientras trabajas para que no te interrumpan.

- Mantén tu espacio de trabajo vacío excepto para lo que necesites en ese momento.

- En lugar de decir "sí" a una petición cuando no estás seguro o estás ocupado, di que lo pensarás. Así te aseguras el control de tu tiempo.

- Divide las actividades por entornos o lugares. Tu escritorio es ahora sólo para hacer los deberes, no para jugar. Tu cama es sólo para dormir. El sofá del salón puede dedicarse a descansar y divertirse.

- Empieza a planificar tu día. De esta manera, no llegarás al punto en el que sientas que necesitas hacer varias cosas a la vez para tenerlo todo hecho.

### Haz lo que tienes delante

El recorrido para alcanzar tu meta es largo. Estar demasiado disperso en un momento dado no te ayuda a llegar más rápido. La mejor manera de conseguirlo es hacer una cosa cada vez. Estar presente en el momento y centrarte en lo que tienes delante aumentará tu fuerza de voluntad.

**Consejo #1:** Cambia tu forma de pensar sobre lo que tienes delante. En lugar de verlo como una gran hazaña, divídelo en partes. Ve paso a paso, tarea a tarea. No pienses en la colina o la montaña; concéntrate en cada paso. Para practicar esa concentración, prueba lo que los expertos en productividad llaman fragmentación. El fraccionamiento del tiempo consiste en dividir tu agenda o un periodo de tiempo determinado en trozos factibles en los que sólo realizas lo que tienes que hacer.[73]

Por ejemplo, ¿quieres una sesión de gimnasio más productiva? Divide tu tiempo de gimnasio en partes de 10 o 15 minutos (dependiendo de tu entrenamiento) y, en cada parte, haz el trabajo más duro que puedas. Si haces cardio, no pares hasta que se acabe el tiempo. Si haces pesas, concéntrate sólo en ese ejercicio durante el tiempo establecido. Si estás practicando baloncesto, no dejes de tirar hasta que se acabe el tiempo. Esto hace que tu mente ni siquiera piense en los descansos hasta que se acabe el tiempo establecido.

¿Quieres reducir el tiempo de tus tareas escolares? Organiza tus deberes y sesiones de estudio en trozos de 25 minutos con descansos de 5 minutos entre cada uno. Esto no sólo te obliga a enfrentarte al trabajo que tienes que hacer con toda tu atención, sino que también es mejor para tu energía. Los estudios demuestran que los descansos breves y regulares pueden rejuvenecer la energía de la mente para que puedas seguir trabajando durante más tiempo.

Recuerda: para que la fragmentación funcione, no puedes hacer nada más que la tarea elegida. Poco a poco, irás reduciendo la tarea en trozos pequeños.

**Consejo #2:** Termina siempre lo que empieces. Si hay un principio que deberías añadir a tu vida, es éste. Entrenarse para no parar hasta terminar aumenta la fuerza de voluntad.[74]

La mayoría de nosotros nos acostumbramos a dejar las cosas si se vuelven aburridas o demasiado difíciles. Por desgracia, eso nos enseña a parar cuando las cosas se ponen difíciles, lo contrario de la resiliencia. Es vital recablear esos hábitos.

Vuelve a entrenar tu cerebro para ir más allá de tus límites decidiendo terminar siempre los proyectos que empiezas. Tomar esta decisión significa que pensarás de forma más crítica sobre las tareas que asumes. Podrás elegir las tareas prioritarias que merece la pena completar. Además, tener un historial de tareas completadas te da un mayor sentido de propósito y orgullo.

**Consejo #3:** No hace falta esperar a que ocurran cosas excepcionales en la vida. Siempre tenemos la opción de cambiar nuestra perspectiva sobre cada día.

Por ejemplo, podemos decidir levantarnos con ganas de que empiece el día. Cada persona puede pensar en sus propias razones. Cuando pienses un poco, descubrirás que hay mucho más que esperar de lo que crees. Levantarse conscientemente cada mañana con esas cosas en mente te llena de propósito, conciencia y motivación. Y lo que es más importante, dejas de vivir en modo automático: te levantas con niebla, te apresuras a pasar el día intentando acabar de una vez. En lugar de eso, el colegio se llena de emoción, el entrenamiento deportivo cobra sentido y te inspira, y saboreas aún más las pequeñas cosas que te gustan.

Desafíate a ti mismo cada día durante una semana o más a pensar en tres cosas que te entusiasmen cada mañana. Verás cómo cambia tu calidad de vida sin que tengas que hacer un gran cambio.

**Consejo #4:** Conecta tus tareas diarias con un propósito mayor. [76] ¿Recuerdas la dirección que elegiste con respecto a tu objetivo deportivo? Estoy dispuesto a apostar que tu dirección se basa en un propósito mayor, incluso si no estás seguro de cuál es. Quieres desarrollar fortaleza mental por una razón: vivir con sentido. Una forma de hacerlo es dar sentido a cada tarea tediosa.

A menudo, nuestros ejercicios físicos son un símbolo. Representan algo más grande que ser más rápido o más fuerte. Cuando entrenas como un atleta, estás preparando tu cuerpo y tu mente para el lado duro de la vida. Es una forma tangible de medir cuánto puedes aguantar.

Pero no acaba ahí. En la vida, cualquier cosa puede ser un entrenamiento. Piensa en las antiguas historias populares en las que el protagonista se ve obligado a realizar tareas serviles antes de pasar al siguiente nivel. La lección es que si no ves ese valor en lo que debes hacer -platos, matemáticas, tareas, recados- estás dejando que estas cosas se desperdicien. Obtienes el valor que se te asigna. Si ves lavar los platos como un entrenamiento para hacerte mentalmente más fuerte o como un peldaño hacia tu objetivo mayor, nunca volverás a hacerlo igual.

**Prueba esto:** Ahora, ten en cuenta tu estado de ánimo actual. ¿Estás tranquilo, estresado, abrumado, contento o frustrado? Positivo o negativo, tómate un minuto para observar tus pensamientos y sentimientos. Puntúa tu emoción negativa (si la hay) del 1 al 10. Prueba uno de los consejos mencionados en este capítulo durante unos minutos. Adelante.

Cuando hayas terminado, vuelve a comprobarlo y puntúa tu emoción negativa.

Practica haciendo este ejercicio durante momentos de mucho estrés en tu viaje deportivo. Mide siempre antes y después para comprobar que realmente funciona.

Controlar tus emociones puede parecer una gran hazaña. Sin embargo, es posible. ¿Y la mejor noticia? Si no puedes controlar tus emociones, definitivamente puedes canalizarlas en energía adicional para rendir mejor.

# 6

# ENERGÍA EMOCIONAL

*"No quiero estar a merced de mis emociones. Quiero usarlas, disfrutarlas y dominarlas."*

– Oscar Wilde

Las emociones no son del todo malas. Ser fuerte mentalmente no consiste en apagar las emociones, sino en dominarlas y utilizarlas para un fin mejor. Además, ser bueno en un deporte no es sólo cuestión de habilidad, talento o trabajo duro. Innumerables deportistas tienen emociones internas profundas y poderosas que les impulsan.

**TÉCNICA INFALIBLE #5: DOMINA TUS EMOCIONES Y UTILIZA SU ENERGÍA PARA AVANZAR**

El campeón olímpico Michael Phelps es uno de los nadadores más conocidos del mundo, y por una buena razón. Batió muchos récords mundiales, todos en una sola Olimpiada.[77] Pero, ¿sabías que

Michael padeció TDAH durante la mayor parte de su infancia y juventud?

El TDAH puede dificultar el funcionamiento cotidiano de cualquier persona. Es un trastorno cerebral que puede afectar a la capacidad de atención y de concentración de una persona. Puede implicar inquietud, energía inagotable y comportamiento impulsivo. Todo ello podría haber impedido a Michael rendir al máximo. Por ejemplo, los síntomas del TDAH pueden obstaculizar el seguimiento de un horario establecido, la gestión del tiempo, la concentración, la finalización de una tarea, etc.

¿Cómo consiguió Michael sacar adelante su carrera de natación a pesar del TDAH? Muy sencillo. Trabajó *con él* en lugar de *contra él*.

Como nadador, Michael sabía que nadar a contracorriente nunca funciona: el nadador debe armonizar con el agua. Miró más allá del lado oscuro del TDAH y se centró en aquello con lo que podía trabajar. Muchas personas olvidan que otro síntoma clave del TDAH es la hiperconcentración en tareas específicas. Si alguien con TDAH tiene un interés especial o una afición, puede acceder a una atención y concentración ilimitadas.

Como le apasionaba la natación, Michael volcaba toda su energía inquieta en el entrenamiento. Su amor por el deporte le hizo hiperconcentrarse sin esfuerzo, lo que le llevó a superar la media en su campo.

Cualquiera puede hacer esto, con TDAH o sin él. Con el poder de las emociones fuertes, tú también puedes llenarte de más energía de la que creías posible.

**Un curso intensivo sobre emociones**

Las emociones y los sentimientos no son lo mismo.[78] Hablamos de sentimientos cuando describimos nuestra experiencia subjetiva de una situación. A menudo se basan en el pensamiento consciente. Por ejemplo, "me siento triste" o "estoy muy feliz". Las emociones son estados fisiológicos inconscientes que repercuten en la biología del cuerpo y de los que podemos o no ser conscientes.

Podemos localizarlas evaluando las sensaciones corporales. Por ejemplo, podemos sentir la emoción de la ira a través de una temperatura corporal elevada, un ritmo cardíaco acelerado y una respiración rápida.

Las emociones fundamentales son el miedo, el asco, la ira, el desprecio, la sorpresa, la tristeza y la alegría.

Además, existen emociones secundarias más específicas. Por ejemplo, la ira puede manifestarse como rabia, irritación o exasperación. La tristeza puede ir desde una leve decepción hasta la vergüenza. Las emociones secundarias de la alegría incluyen la satisfacción, el orgullo y el alivio.

Las emociones actúan como un canal de comunicación entre nuestro cuerpo y nuestra mente.[79] En primer lugar, no las controlamos porque se basan en señales que el cuerpo recibe del entorno y que nos ayudan a seguir nuestros instintos de supervivencia.

¿Por qué nos tomamos en serio las emociones si no están bajo nuestro control? Aunque los pensamientos pueden impulsar nuestros sentimientos, las emociones inconscientes también influyen en nuestros pensamientos, perspectivas y comportamientos.[80] Nuestra mente consciente intenta traducir los mensajes fisiológicos de las emociones. Sin embargo, nuestra traducción puede no ser tan exacta.

En función de cómo leemos nuestras emociones, emprendemos acciones específicas. En otras palabras, aunque las emociones inconscientes no están bajo nuestro control, podemos controlar cómo las percibimos y cómo actuamos en consecuencia.

### Las emociones como herramientas para cambios en la vida

Ignorar las emociones no funciona. Si no somos conscientes de cómo nos afectan nuestras emociones, no podremos utilizarlas en nuestro beneficio. Por el contrario, las emociones dirigirán cómo se desarrolla nuestra vida, lo aceptemos o no.[81] La clave está en estar en armonía con las emociones. Comprender tu estado emocional y responder con atención es un superpoder.

Entiende que la mayoría de las veces estás captando una emoción secundaria, no la emoción básica.

### Cómo dominar las emociones

Para mejorar su rendimiento, los deportistas deben ser dueños de sus emociones, no carecer de ellas, sino dominar su estado emocional. Durante una época de increíble violencia racial en la historia de Estados Unidos surgió el primer campeón negro de boxeo de los pesos pesados: Jack Johnson.

Johnson fue un claro ejemplo de dominio emocional. Debido a su color, era abucheado y se reían de él cada vez que subía al ring. El público siempre animaba a su oponente blanco. No es que esto no le molestara, pero durante ese tiempo, Johnson no podía hacer mucho. ¿Quejarse? ¿Gritar? ¿Decirles que pararan? ¿Renunciar? Fue un periodo difícil. Johnson tuvo que hacer lo que pudo con lo que tenía.

¿Y qué hizo? Borró todas las emociones de su rostro y actuó como un frío robot boxeador. Si dejaba que los abucheos del público le afectaran, perdía. En lugar de eso, ganó lo que pudo: el combate.

Utiliza las siguientes técnicas para dominar tus emociones:

### Identifica las emociones

¿Te has fijado alguna vez en que la mayoría de los deportistas están muy en contacto con sus emociones? Por fuera, parecen estoicos e intrépidos, pero saben exactamente cuál es su emoción y la canalizan de otras maneras. Tú también puedes aprender a hacerlo con las siguientes prácticas:[81]

- Nombra tus sentimientos: La toma de conciencia empieza por notar y nombrar lo que sientes. Si te sientes ansioso antes de una actuación, decepcionado tras un fracaso o abrumado, sólo tienes que nombrarlo.

- Amplía tu vocabulario emocional para expresarte mejor: a veces no sabemos exactamente lo que sentimos. Eso nos hace sentirnos aún más frustrados. Para solucionarlo, aprende más terminologías para describir una experiencia emocional variada. En lugar de tener una sola palabra para describir el enfado, puedes describirlo como ligeramente irritado o absolutamente furioso.

- Registra las emociones en tu diario: Registra cómo te encuentras a diario en un cuaderno o en la aplicación de notas de tu teléfono. Expresar tus emociones por escrito es catártico. Además, te ayuda a saber cuáles son tus emociones habituales y por qué se producen si haces un seguimiento de forma cotidiana.

### No actúes inmediatamente ante las emociones

Las emociones tardan unos instantes en calar. Por eso, es mejor posponer la actuación inmediata, ya que las acciones inmediatas pueden conducir a decisiones precipitadas de las que uno podría arrepentirse. Los deportistas saben que mantener la calma es vital en momentos de gran tensión, como una competición, un espectáculo o un acontecimiento deportivo.

Existen varios trucos para calmarse tanto emocional como fisioló gicamente.[81] El primero se explica por sí mismo: respirar. Cuando estás muy emocionado, se activa el sistema nervioso simpático, es decir, la respuesta de lucha o huida. En otras palabras, sentirás que tu corazón late con fuerza, sudas y respiras demasiado rápido. Si no puedes calmarte inmediatamente con pensamientos tranquilizadores, dirígete físicamente. Lo mejor es respirar profundamente, porque la respiración controla otros síntomas.

### Responde, no reacciones

¿Cuál es la diferencia entre responder y reaccionar? Una reacción es un acto instantáneo provocado por una situación. Una respuesta es algo que eliges dar después de pensarlo deliberadamente. Las dos se diferencian mejor por el tiempo y el espacio entre un desencadenante y la acción para abordar el desencadenante. La respuesta tiene una duración más larga entre el desencadenante emocional y la acción real. Durante ese tiempo, te alejas de la emoción subjetiva y adoptas una mentalidad más objetiva y racional.[82]

¿Por qué responder en lugar de reaccionar? Es muy sencillo: lo ideal es tomar decisiones con la mente clara. Cuando las emociones tiñen nuestros pensamientos, nuestra mente es cualquier cosa menos clara. Está contaminada y llena de irracionalidad. La falta de claridad mental nos lleva a reaccionar ante la emoción dominante que experimentamos.

He aquí un ejemplo sencillo. Tu equipo pierde un partido de fútbol. La derrota es el desencadenante que te llena de frustración y de ira exaltada. Te invaden las ganas de estallar contra el otro equipo en ese momento de alta intensidad. Si tuvieras que reaccionar, irías allí ahora mismo y cogerías una rabieta. Sin embargo, para responder, primero tendrías que parar, darte cuenta de tu estado emocional y adquirir un control consciente sobre tus pensamientos. Es entonces cuando puedes elegir el curso de acción correcto con una mente más fundamentada, una mente que reconoce las verdaderas consecuencias y recompensas de las acciones.

¿La mejor manera de pasar de reaccionar a responder? Hacer una pausa.

Entrénate para dejar de hacer lo que estás haciendo cuando sientas emociones fuertes. Esa simple pausa te permite ser más consciente de tu estado interno. Entonces, puedes elegir hacer lo que quieras, ya sea tu reacción inicial o una nueva acción. Milagrosamente, descubrirás que sólo unos momentos de mindfulness pueden marcar la diferencia en tu comportamiento y en tu vida.

El proceso de acostumbrarte a esta técnica no será perfecto. Sin embargo, cometer errores es bueno porque la próxima vez que no puedas evitar reaccionar, puedes tomar notas de la situación. Puedes aprender qué emoción te llevó a reaccionar y recordar cómo evitar el mismo error la próxima vez.

### *Comprender la necesidad subyacente*

Todas las emociones son mensajes. Desde la creación de la humanidad, las emociones nos han servido como instintos de supervivencia. Nuestras emociones más básicas nos permiten detectar el peligro, las amenazas y evitar el daño. Aparte de eso, las emociones también señalan algo mucho más profundo sobre nosotros mismos.

Las emociones las desencadena el entorno exterior. Sin embargo, la forma en que te afectan depende de las necesidades subyacentes que te faltan. Estas necesidades son muy individuales y dependen de la educación y/o la genética de cada persona. A menudo, las cosas que te impactaron de niño tienden a repetirse en la adolescencia y la juventud. Así que es posible que sufras un patrón de experiencias emocionales similares.

En otras palabras, cada emoción tiene un propósito, sobre todo las que surgen con más frecuencia. El modo en que te afectan está relacionado con tu percepción habitual de la vida, tu mecanismo de afrontamiento y tu nivel de resiliencia. También puedes mejorar tu resiliencia comprendiendo tus emociones. Al fin y al cabo, hay que estar en contacto con las emociones para dominarlas.[83]

Puesto que toda emoción es un mensaje, debes seguir la llamada hasta lo más profundo de tu subconsciente para ver de dónde proceden. ¿Qué te están diciendo sobre ti mismo?

Comprende mejor tus emociones:

- Escribiendo sobre ellas: Escribir sobre las emociones es más liberador y seguro que contárselas a los demás. Puedes procesar tus sentimientos sin juzgarlos. Además, escribirlas detiene la rumiación en seco porque liberas las emociones que impulsan los patrones de pensamiento en tu diario.

- Exploración corporal: Toma conciencia de tu cuerpo en busca de sensaciones que puedas relacionar con emociones. ¿Qué sientes en el estómago? ¿Tienes opresión en el pecho? ¿Sientes que te hierve la sangre? Con el tiempo, serás capaz de distinguir lo que sientes de inmediato.

- Observar a los demás: Cuando observas a otras personas a tu alrededor o en películas, puedes adquirir más conocimientos emocionales por cómo responden a las emociones. Cuanto más te acostumbras a cómo se relacionan las acciones de una persona con su mundo interior, más crece tu empatía hacia ella y hacia ti mismo.

### Cómo canalizar las emociones

Ser capaz de canalizar emociones no es un mito ni un superpoder mágico que sólo ocurre en las películas. Toda emoción es energía, ya sea positiva o negativa. Cuando estás eufórico, te sientes acelerado y listo para saltar. Cuando estás enfadado, sientes que podrías atravesar un montón de muros de piedra y derribarlos. La cuestión es qué haces con esa energía.

Si no la utilizas adecuadamente, esa energía puede jugar en tu contra, especialmente cuando se trata de emociones negativas. A menudo pensamos que las emociones negativas son agotadoras. Sin embargo, el verdadero problema es cómo gestionamos esas emociones. Resulta tentador reprimir los estados emocionales negativos, pero si lo hacemos, la energía acumulada puede agotarnos a nosotros y a todos los que nos rodean a largo plazo. Puede provocar irritabilidad, dificultar la convivencia con los demás y, en última instancia, desembocar en un estallido de ira.

¿Y si pudieras congelar esa energía y transformarla en algo positivo? ¿Y si pudieras usarla en la cancha o sacarla en el béisbol cuando bateas? Pues seguro que puedes. El truco está en ser consciente de esa energía que surge durante las emociones fuertes.

Cuando seas consciente, no la reprimas, guárdala. Mantén la energía en el fondo de tu mente hasta que tengas la oportunidad de liberarla. Una oportunidad como ésta puede ser cualquier acción que florezca con energía emocional vigorosa. Cualquier cosa creativa o atlética se beneficia de la energía emocional pura. Espera a tu sesión de entrenamiento y dirige esa emoción hacia tu régimen. Cuando conviertes cada emoción en parte de tu propósito, estarás más motivado para dejar ir el impulso de reaccionar instantáneamente.

### Cómo procesar y dejar ir las emociones negativas

No tienes por qué canalizar toda la energía negativa que te llega. A veces, soltar la tensión que se adhiere a tus músculos a causa de esas emociones es saludable. En concreto, las emociones que ocultaste o reprimiste durante mucho tiempo pueden convertirse en una carga sobre tus hombros. Algunos lo llaman emociones atrapadas.

La emoción atrapada es una forma de decirlo. En realidad, cualquier trauma (mayor o menor) puede arraigarse en el cerebro conectando memoria, sensación y emoción. Cuanto más fuerte es la emoción, más arraigado queda el recuerdo. Cuando los factores ambientales desencadenan esos recuerdos, es como pulsar un botón que enciende las zonas del cerebro asociadas al trauma. Incluso puedes sentirlo en una parte específica de tu cuerpo.

Para liberar estas emociones atrapadas, hay que procesarlas.[87] No procesarlas es la verdadera razón por la que se atascaron y acumularon en primer lugar.

**Prueba esto:** Echa un vistazo a estas tres herramientas de procesamiento emocional y añádelas a tu rutina diaria:[88]

### Herramienta #1: Alivio rápido del estrés con información sensorial

En medio de un momento estresante, utiliza esta herramienta para calmarte al instante. Respira hondo. A continuación, ponte en sintonía con todos tus sentidos: vista, olfato, oído, tacto y gusto. Centrarte en la información sensorial que te rodea hace que tu mente pase del modo enloquecido a estar más enraizada. Así, podrás concentrarte y resolver los problemas con más precisión.

### Herramienta #2: La meditación "Cabalga el caballo salvaje"

La meditación *Cabalga el caballo salvaje* te ayuda a lidiar con emociones abrumadoras. Es el antídoto para las personas que son evasivas crónicas. Esta meditación es para ti si tus principales mecanismos de afrontamiento incluyen la distracción, ignorar las emociones importantes o minimizar tus problemas con bromas. Su objetivo es ayudarte a sentir emociones intensas de forma consciente y controlada.

Paso 1: Empieza estabilizando la respiración.

Paso 2: Relaja progresivamente los músculos, empezando desde la parte superior del cuerpo hacia la inferior.

Paso 3: Ahora, concéntrate en tu emoción y profundiza en ella. Puede que te sientas estresado, pero si notas que te agobias, es tu oportunidad para utilizar una de las herramientas calmantes que has aprendido.

Esta meditación ofrece un entorno seguro para practicar el cambio a la atención plena durante los momentos de alta emoción.

### Herramienta #3: Mejora tu inteligencia emocional

La inteligencia emocional es la capacidad de comprender y utilizar las emociones tanto para las necesidades emocionales personales como para las de los demás.[89] La inteligencia emocional es necesaria para una comunicación interpersonal eficaz. Para mejorar la inteligencia emocional, hay que centrarse en cuatro principios:

1. Autoconciencia

2. Conciencia social

3. Autogestión

4. Gestión de las relaciones

Junto a las emociones, también debes arraigar en ti mismo que eres la fuente de tu motivación y tu fuerza. Cuidar tu lado espiritual es igual de importante para cualquier deportista.

# 7
# EL ALMA DE UN DEPORTISTA

*"Nunca subestimes el poder de los sueños y la influencia del espíritu humano. Todos somos iguales en esta noción: El potencial de grandeza vive dentro de cada uno de nosotros."*

— Wilma Rudolph

Como deportista, tu alma es tu ancla. Tu deporte y tu rendimiento son sólo una extensión de tu alma. Vayas donde vayas, tu alma será el componente identificativo de lo que hagas. Así que si quieres ser un deportista verdaderamente motivado, tienes que hacerlo por un objetivo mucho mayor que el mero éxito mundano. Haz del deporte una expresión de tu espíritu y propósito subyacentes.

## TÉCNICA INFALIBLE #6: INCLUYE TU PARTE ESPIRITUAL EN TU CARRERA ATLÉTICA

Muchos deportistas de élite tienen facetas de las que rara vez oímos hablar en los medios de comunicación. Una vez que sabemos lo que han hecho entre bastidores, a veces queda claro que su pasión y su empuje no están sólo en el deporte, sino también en su estilo de vida y sus valores.

El jugador de béisbol Roberto Clemente, 15 veces All-Star y campeón de las Series Mundiales, era algo más que un excelente bateador.[90] Clemente representaba un héroe, tanto para los aficionados al béisbol como para los latinos necesitados.

Finalmente, Clemente encontraría su fin en un accidente de avión tras un terremoto en Nicaragua en 1972. Su muerte resonó entre los aficionados y las personas que sintieron de cerca su generosidad. Hoy, Clemente nos recuerda que los actos incondicionales de bondad que realizamos fuera del campo de juego, la cancha o el cuadrilátero representan nuestro carácter y pueden incluso afectar positivamente a nuestro rendimiento.

### La importancia del lado espiritual

Todos tenemos un lado espiritual. Tanto si lo expresamos a través de acciones, oraciones o una fuerte convicción en nuestros valores, crea una sensación de realización personal. Nuestra espiritualidad nos recuerda que la vida no consiste sólo en las recompensas físicas que obtenemos. Se trata de crear una sensación de paz y equilibrio en todas las facetas de lo que somos: física, emocional, social y espiritual. Cuando todas ellas se unen, nos autorrealizamos. Esto se manifiesta en nuestro rendimiento deportivo.[91]

Para acceder a tu lado espiritual, reconoce que ocupas un lugar valioso en el universo. Tu misión es cumplir con tu deber y dejar tu huella en el mundo, por pequeña que sea.

## BUSCA UNA EXPERIENCIA ESPIRITUAL

La espiritualidad tiene un significado fluido: para algunos, está ligada a la religión; para otros, se trata simplemente de conectar con el alma. Centrarse en experiencias espirituales no tiene por qué ser complejo.

Algunas formas sencillas de acceder a la espiritualidad son la meditación, el yoga, la lectura, el trabajo de gratitud, la atención plena, pasar tiempo en la naturaleza e incluso simplemente ayudar a los demás.[92]

### Meditación

Añadir la meditación a tu rutina puede ser beneficioso por varias razones. En las culturas antiguas, el atletismo y la batalla iban de la mano de la meditación. En este caso, la meditación es una forma de centrar la atención en el interior. Se trata de desconectar del mundo y centrarse en uno mismo.

La meditación puede ser una forma rápida de relajarte si eres un deportista que siempre está en movimiento. Y lo que es más importante, es un método para conectar con tu lado espiritual, no sólo porque fomenta la atención plena. Una de las razones por las que la filosofía oriental promueve la meditación es que permite distinguir mejor entre el ego y tu verdadero yo. Puedes desconectar de los pensamientos inútiles que en realidad no proceden de ti. Tu yo real es lo que algunos llaman tu yo superior o incluso conciencia: es tu estado de ser por defecto en el que accedes a la paz, a la seguridad en ti mismo de lo que es correcto para ti. En el fondo, sabes lo que es sabio y lo mejor, pero tus pensamientos automáticos pueden apoderarse de ti.

Para meditar, lo único que tienes que hacer es sentarte en un espacio tranquilo y sosegado y respirar durante unos instantes. Respira de forma constante y lenta, sintiendo cómo la tensión se desprende de tu cuerpo. Concéntrate en ser, en vivir, en respirar, en dejar que tu cuerpo mantenga el espacio. Esto es muy distinto de quedarse atrapado en la cabeza y seguir cada círculo interminable de charla interior.

Empieza con unos minutos. La meditación es una habilidad que se aprende con el tiempo. Cada semana más o menos, añade un minuto, si acaso. Sin embargo, eso no es tan importante como hacerlo todos los días. La mediación no sólo tiene enormes implicaciones para reducir la ansiedad crónica, sino que también te conecta con tu yo superior.

### Yoga

Como práctica ancestral, el yoga se ha utilizado como ejercicio físico para acceder a una mayor iluminación espiritual. En la cultura hindú, las posturas de yoga afectan al flujo de chakras en el cuerpo, mejorando la salud física y mental. Para los no hindúes, se ha demostrado que el yoga aumenta la sensación de bienestar positivo. Las posturas van desde estiramientos suaves a movimientos más complicados que requieren un intenso control mental sobre los músculos. También incorpora técnicas de respiración que afectan al sistema nervioso de distintas maneras. Cuando tu vida parece desorganizada, practicar yoga te proporciona equilibrio mental, estabilidad y claridad.

### Lectura

A veces, el conocimiento es lo que falta en nuestro viaje para alimentar nuestro lado espiritual. La lectura, más que el consumo de contenidos breves (vídeos, blogs, etc.), es una de las mejores formas de adquirir conocimientos porque es una experiencia en profundidad. Cuando lees un libro -especialmente de no ficción, de autodesarrollo, filosófico o espiritual- puedes explorar un tema en profundidad. Ese conocimiento cala en tu mente mejor que el de alguien que ofrece consejos o lee una frase en Internet.

Si te suscribes a una religión o espiritualidad en particular, leer tu texto espiritual relevante poco a poco a diario te recuerda tu verdadero propósito.

### Practicar la gratitud

Ser agradecido cada día abre una puerta en tu cerebro para ver más positividad. En lo que respecta a la espiritualidad, la gratitud da más sentido a la vida. Cuando reconoces y aprecias genuinamente todas tus bendiciones, sientes que tienes una razón mayor para vivir la vida al máximo.[93]

Cada mañana, mientras estás en la cama, piensa en una cosa que te llene de gratitud.[94] No te limites a pensar en ello, sino siente realmente cómo te inunda la emoción positiva. Alternativamente, puedes crear alarmas una vez al día o un par de veces para recordarte que debes parar y pensar en algo por lo que estés agradecido. Esto te ayudará a resetear, sobre todo si estás en medio de un día ajetreado y estresante.

### Atención plena

Practica la atención plena a lo largo del día haciendo pausas para respirar siempre que puedas, por ejemplo entre clase y clase, antes o después de practicar deporte, cuando te desplazas de un lugar a otro, etc. Hacer pausas para respirar es una de las mejores formas de añadir más atención plena a tu vida.

Cada vez que dejas de vivir con el piloto automático, tienes la oportunidad de volver a tu lado espiritual, a tu verdadero yo. Cuando pasas a la atención plena en un momento dado, dejas de hacer y pensar automáticamente.

Un ejercicio fácil de respiración consciente es:

1. Inhala por 4 segundos.

2. Mantén la respiración por 4 segundos.

3. Exhala por 4 segundos.

4. Repite esto 4 veces.

### Naturaleza

Todos los seres humanos necesitan volver a sus raíces de vez en cuando. Incluso en este mundo altamente tecnológico, debemos alimentar nuestras almas volviendo a la naturaleza con regularidad. La ciencia demuestra que pasar tiempo al aire libre, al sol, sobre la hierba y rodeados de vegetación aumenta las hormonas del bienestar y reduce la ansiedad.[96]

Prueba a programar un paseo diario por un parque, una reserva natural o por la zona más verde que tengas cerca. Quizás puedas tumbarte en la hierba y observar las nubes, o hacer footing por un sendero cercano a través del bosque. Pasar tiempo en la naturaleza te tranquiliza y te recuerda que tus responsabilidades no son tan pesadas y poderosas como la tierra y sus milagros.

Todas estas actividades no llevan demasiado tiempo y pueden crear cambios positivos significativos en tu lado espiritual. La pregunta es: ¿cuál es la conexión entre la espiritualidad y el deporte?

### Deportes y espiritualidad

La espiritualidad da fuerza a los deportistas en su campo. Por otro lado, el deporte te permite canalizar tu yo espiritual. Los movimientos físicos que haces están impulsados por tu filosofía. Si inviertes tiempo en tu lado espiritual, puede:

- Desbloquear el desarrollo personal

- Ayudarte a sentirte conectado con tu comunidad

- Reavivar el sentido del propósito interior

Observa que muchos atletas utilizan su deporte como desahogo espiritual. Muchos utilizan el dolor del pasado para superar cada partido. Otros utilizan un futuro esperanzador para seguir mirando hacia delante. Los deportistas conectados con su espiritualidad la utilizan para darse fuerza y determinación. La espiritualidad y el deporte, cuando se fusionan, pueden hacer que un deportista sea aún más poderoso, inspirado e imparable.

Ser un campeón requiere alma. En parte es habilidad, pero en gran parte se trata de alinear el espíritu con el cuerpo, empujando hacia adelante con un fuego ardiente en el corazón.

Tomemos como ejemplo uno de los momentos más excepcionales de Michael Jordan.

Corría el año 1992. Se disputaba un partido de las Finales de la NBA entre los Chicago Bulls y Portland. Sólo en la primera parte, Michael Jordan ya había encestado seis triples.

Cuando le preguntaron cómo lo había hecho, Jordan parecía no saberlo. Fue como una experiencia extracorpórea. Simplemente se sumergía en un estado de hiperconcentración que le permitía hacer un mate tras otro. ¿Cómo lo hacía? No lo sabía. Sólo sabía por qué: tenía que ganar. En un esfuerzo por cumplir ese propósito, Michael tuvo un pensamiento singular durante el partido: fallar un tiro no era una opción.

El equilibrio perfecto entre espíritu y concentración creó una sensación de paz similar a la que sienten los monjes durante una larga sesión de meditación. Es una quietud tranquila, una sensación de sentarse en el trono y ordenar al cuerpo que se mueva a tu voluntad. Impulsado por un espíritu resuelto, puedes acceder a este estado de flujo y hacer cualquier cosa. Estar en la zona o experimentar el estado de flujo es una conexión y sincronización entre mente y cuerpo. Los dos trabajan juntos como uno solo, lo que conduce a una sensación de plenitud.

Saber quién eres, en lo más profundo de tu alma, y utilizarlo para fortalecerte en los momentos en que más lo necesitas, aumentará tu resiliencia. Tu espíritu solidifica la razón por la que haces deporte. Ahora es el momento de ponerse a trabajar. Aumenta tu resiliencia mostrándote más fuerte y mejor cada día.

# 8
# GANANCIAS DEL DÍA A DÍA

*"Los problemas no son el problema; el problema es afrontarlos."*

— Virginia Satir

La vida diaria está llena de ganancias y pérdidas. Levantarse temprano y empezar bien el día es una ganancia. Si metes la pata durante el entrenamiento y te sientes humillado delante de todo el mundo, eso es una pérdida. El objetivo no es aumentar tus éxitos o reducir tus fracasos. Se trata de afrontar ambos adecuadamente. Como deja claro Virginia Satir, la forma en que afrontamos las malas situaciones puede empeorarlas.

Por suerte, el afrontamiento es algo que podemos controlar. Con conciencia, esfuerzo y repetición, podemos cambiar nuestra reacción normal por una respuesta más útil. Cuanto más aprendamos a utilizar mecanismos de afrontamiento más saludables, mejor podremos superar el caos cotidiano.

Ahora es el momento de combinar lo que has aprendido e integrar esas lecciones en pequeños pasos diarios.

**TÉCNICA INFALIBLE #7: HAZ LO QUE FUNCIONA, CADA DÍA**

Los estoicos creían que la constancia era la clave: en lugar de hacer algo grande de una vez, haz algo pequeño con constancia. Tómate las cosas día a día, aunque los logros del día parezcan intrascendentes. Cualquier cosa puede convertirse en un acto significativo si así lo elegimos.

En 2007, una tienda de sofás de Charlestown (Carolina del Sur) sufrió un terrible incendio.[90] Nueve bomberos locales fallecieron, uno de ellos el entrenador de baloncesto del instituto Summerville. Naturalmente, el equipo de baloncesto tenía el corazón destrozado. Era su mayor pérdida, más importante que cualquier partido que hubieran jugado.

Para honrar su memoria, el equipo decidió darlo todo en los partidos, llegando hasta los Campeonatos Estatales. Finalmente ganaron por un margen mínimo, consiguiendo los puntos clave de la victoria en los últimos instantes del partido. Dedicaron esa victoria a su difunto entrenador.

El equipo de baloncesto de Summerville nos muestra un importante ejemplo de cómo dar sentido a los acontecimientos de la vida. Al fin y al cabo, los seres humanos dan sentido a todo y a nada, lo hagan conscientemente o no. El equipo podría haber optado por ver el partido como un acontecimiento triste que no podrán compartir con su recordado entrenador. Esa mentalidad podría haber hecho más difícil ganar; no es muy empoderadora.

En lugar de eso, decidieron compartir el partido con su entrenador en el corazón. Lo dedicaron a su memoria e incluso ganaron por lo significativo que era el propósito. Un simple partido era ahora algo que tenían que ganar por sus propios principios.

### Encuentre un mayor sentido a sus tareas diarias

Nada es sólo lo que parece ser. Cada tarea es percibida de forma diferente por personas distintas. La buena noticia es que puedes darle el significado que quieras.[93]

De ti depende que tus tareas diarias tengan sentido, ya sea cepillarte los dientes o hacer un examen de historia. Todo en la vida tiene un propósito. Cuando eres consciente de este hecho, puedes elegir ese propósito.

Conecta todo lo que haces con tus grandes objetivos.[94] Cuando lo haces, todo se convierte en una pequeña victoria. Por ejemplo, digamos que tu objetivo en la vida es ser una persona disciplinada. Tal vez te sientas inspirado por atletas diligentes y "Navy SEALS" que hablan de asombrosos actos de autocontrol y fortaleza. Puedes decidir que hacer bien tus tareas, por mucho interés que tengas inicialmente en ellas, es una forma de trabajar por ti mismo. ¿Qué ocurre entonces? Te sientes más motivado para llevar toda tu vida con diligencia. Empiezas a ocuparte de tus quehaceres, a mantener tu habitación organizada y a limpiar todos los platos después de comer. Con el tiempo, estas tareas mundanas cobran más sentido.

Depende de ti hasta qué punto quieres que algo marque la diferencia en tu vida. En cuanto a tu vida deportiva, puedes utilizar tu deporte para promover un propósito mayor.

Hazte estas preguntas:

- ¿Cómo puedes conectar tu deporte con tus valores y principios en la vida?

- ¿Cómo puedes utilizar tu deporte para ser mejor persona?

- ¿Tus tareas diarias marcan la diferencia en ti, en tu vida o en tu objetivo deportivo?

El sentido de la vida para ti es lo que tú quieras. Seguir tu propósito es más importante que perseguir la felicidad. Trasciende el yo porque tu propósito te permite hacer las cosas de acuerdo con tus principios. La felicidad se desvanece, pero el propósito y el sentido tienen efectos positivos a largo plazo. Perseguir el sueño de convertirse en atleta olímpico puede ser por la fama o el dinero, pero son placeres temporales. También podrías perseguirlo porque el propósito que has elegido es ver hasta dónde puedes superar tus límites. También podrías elegir ser olímpico para ser reconocido y difundir una causa que afecte a tu comunidad. La cuestión es que el éxito material no es la meta final. Es un peldaño para alcanzar un objetivo mayor.

Incluso antes de llegar a ese éxito, atribuimos un significado a los acontecimientos del camino. Cada vez que ocurre un acontecimiento, sacas una conclusión interior que puede ayudarte o desanimarte. Si fracasas, puedes llegar a la conclusión de que eso significa que tu objetivo no está destinado a conseguirse. En lugar de eso, intenta interpretar los fracasos como momentos que te han preparado para ser aún mejor. El fracaso es una lección que nos permite perfeccionar nuestras habilidades y nos impide seguir siendo complacientes.

Con este conocimiento, puedes elegir qué significado dar a los acontecimientos de tu vida. El significado de cada situación depende de tres cosas:[94]

1. Propósito

2. Coherencia

3. Significado

El propósito se refiere a tus objetivos y metas. ¿Para qué estás aquí? ¿Cuál es tu misión en la vida?

La coherencia es la forma de unir los acontecimientos. Lo hacemos todo el tiempo, de forma natural, para crear una narrativa de lo que ha sucedido en nuestra vida hasta el momento. A los humanos nos gusta entender las cosas a través de patrones y conexiones. Sin coherencia, podemos sentir que la vida es una serie de casualidades sin propósito. La coherencia es la forma en que encajamos una situación en el gran esquema de las cosas cuando intentamos dar sentido a todo más tarde.

La importancia es la fuerza del significado de un acontecimiento. Algunas personas se centran más en determinados acontecimientos que en otros. La primera derrota de una persona en un partido de fútbol puede afectarle más que su quincuagésima derrota.

Es ventajoso tener un propósito firme que plasmar en cada tarea. Te empuja a hacer las cosas lo mejor que puedes y también es bueno para desarrollar tu carácter. Tener un propósito claro en la vida mejora el bienestar y la satisfacción vital. Aumenta la resiliencia porque nos importan más las cosas que hacemos y, por tanto, tenemos más energía para resistirnos a abandonar. Mejora la autoestima y reduce el riesgo de depresión.

Reflexiona sobre cómo quieres vivir. Esto no se refiere a objetos materiales, como qué coche o casa quieres. Se trata de lo que imaginas que es tu estilo de vida ideal. La idea de uno podría incluir mucho tiempo en familia, carreras matutinas diarias y voluntariado una vez a la semana. Un amante de las artes marciales podría preferir una vida llena de clases para explorar las múltiples formas de lucha del mundo. La vida también podría consistir en un trabajo que te guste tanto que apenas tengas la sensación de estar trabajando.

Utiliza las siguientes técnicas y herramientas para descubrir tu propósito y hacer que la vida tenga más sentido:

- **Disciplina de búsqueda:** Vivir con un propósito, sea cual sea tu objetivo, es vivir con disciplina. Un ser humano indisciplinado es un ser humano sin razón ni ton ni son. Aunque no sepas cuál es tu objetivo en la vida, empieza a construir tu autocontrol, tu autodominio, tu energía física y mental, y tu dominio emocional. Empieza a practicar la comunicación consciente y la elocuencia, así como las habilidades adecuadas de comunicación interpersonal. Estas cosas te ayudarán a desarrollar tu potencial y alcanzar tus objetivos.

- **Haz la vida agradable:** Ya tienes cosas que te alegran la vida, y son esas cosas las que pueden darte una pista sobre tu propósito. Concéntrate más en ellas amando a tus seres queridos lo mejor posible y pasando tiempo con la gente que te importa.

- **Persigue un interés o una afición:** Prueba algo que siempre has querido hacer pero nunca te han dado la oportunidad. Una nueva afición te proporcionará un reto saludable y te abrirá puertas.

- **Reconsidera tu forma de pensar sobre las inseguridades:** ¿Piensas constantemente en tus defectos? Si tus inseguridades dan vueltas en tu mente sin resolución, es hora de parar. Es una pérdida de tiempo. En lugar de eso, céntrate sólo en lo que puedes cambiar o mejorar. Si está fuera de tu control, esa autoconversación negativa es inútil.

- **Conviértete en un aprendiz permanente:** La búsqueda del conocimiento es un propósito digno de la vida. Aunque no sea tu objetivo principal, conviértelo en un viaje de aprendizaje permanente.

### Detenerse y evaluar

¿Lo que estás haciendo ahora, hoy, te está haciendo avanzar? ¿O te está haciendo retroceder?

Comprueba tu perspectiva. ¿Cuál es la narrativa que une tu historia? Observa el panorama general de tu pequeño momento. ¿Qué lugar ocupa en tu historia? Detenerse y evaluar es una forma de reiniciarse. Te permite comprobar si tu trayectoria actual apunta hacia tu objetivo.

No mires las cosas que se interponen en tu camino. Mira el camino que serpentea alrededor y entre los obstáculos. Espera siempre problemas y fracasos. Algunas personas llegan incluso a darles la bienvenida. Al fin y al cabo, si los problemas surgen de todos modos, es mejor recibirlos con los brazos abiertos. Esta mentalidad está un paso por delante de la aceptación.

### Cultiva el agradecimiento

El agradecimiento tiene un montón de beneficios científicos para la salud física y mental.97 Espiritualmente, el agradecimiento eleva tu energía. Lo creas o no, atraes lo que das (en su mayor parte). Convierte la gratitud en una obligación diaria innegociable. Agradece lo que está funcionando y lo que te está enseñando una lección. Concéntrate en las bendiciones positivas.[98, 99]

### Mantén la vida sencilla

Ya sabemos que la complejidad es mala. Esto también vale para aumentar tus victorias cotidianas. Reduce tus posesiones materiales, organiza y reduce los compromisos de tiempo sin importancia, e incluso simplifica tus palabras.[100] En cuanto a la dieta, reduce la complejidad con una lista fija de comidas diarias.[101]

### Descubre tu verdadero norte

A veces, lo que puede ayudarte a descubrir tu propósito o tu verdadero norte es ver qué lemas resuenan contigo.[102] Un lema es como una afirmación, que define quién eres y en qué crees. Elige uno de ellos para guiarte o inventa el tuyo propio.

He aquí algunos ejemplos de lemas famosos:[103]

- "Sólo hazlo"

- "Mantén la calma y sigue adelante"

- "Sólo se vive una vez"

- "Mantén la vista en el premio"

- "Hoy es un día más"

- "Carpe diem (aprovecha el día)"

- "Soy imparable"

- "Todo es posible"

Un lema personal es un recordatorio repetitivo que te ayuda a cumplir tus objetivos, a mantener la imagen que quieres dar de ti mismo y a tranquilizarte en los momentos de estrés.

**Prueba esto:** Crea tu lema personal, inspirándote en lemas o citas que te parezcan importantes.

Haz una lista de lo que necesitas eliminar de tu vida.

La fuerza mental y la resistencia no consisten en ser capaz de empujar una montaña. Se trata de pequeñas victorias constantes. Mover cada piedra una a una para despejar el camino. Es en esos pequeños hábitos donde pavimentas tu camino hacia el éxito.

Ser fuerte mentalmente también consiste en aceptar y dejar ir. Todos los atletas, en algún momento, deben practicar el autodominio de la confianza como un monje budista.

# 9

# EL ATLETA ZEN

*"El surf me tranquiliza, siempre ha sido una especie de experiencia zen para mí. El océano es tan magnífico, pacífico e impresionante. El resto del mundo desaparece cuando estoy sobre una ola."*

— Paul Walker

La aceptación no es apatía. No es rendirse; al contrario, es un movimiento de poder. Lo único que significa es que te mantienes tranquilo y en paz con cualquier obstáculo que te plantee la vida. Si estás luchando por perfeccionar una habilidad en tu deporte, aceptar esa lucha puede ser más útil que rechazar su existencia.

Sin embargo, la aceptación no es fácil. Hay que navegar por la delgada línea que separa el reconocimiento de la impotencia aprendida.

- Reconocimiento: Acepto que ahora mismo no soy bueno en

esto. Eso no significa que no vaya a mejorar.

- Impotencia aprendida: No soy bueno en esto ahora mismo, lo que significa que nunca seré bueno. Mejor me rindo ahora.

Cuando aprendes a aceptar la realidad, por dura que sea, te resulta más fácil sobrellevarla y seguir adelante rápidamente. Esto es esencial para aumentar tu resiliencia. Los guerreros que pierden la cordura pierden la guerra en el campo de batalla. Dejar que crezca la ansiedad no te hará correr más rápido en la pista.

Acceder a ese estado zen, como hizo Paul Walker mientras surfeaba, abre la oportunidad de afinar la calma y la concentración que conducen al éxito.

## TÉCNICA INFALIBLE #8: PARA GANAR, MANTÉN LA CALMA, LA CONCENTRACIÓN Y LA FRIALDAD

Phil Jackson es uno de los entrenadores de baloncesto con más éxito a nivel nacional.[104] Gracias a él, los Chicago Bulls y Los Ángeles Lakers superaron cualquier meta que se creyera posible. Phil ayudó a sus equipos a conseguir más campeonatos que nadie, y hay una gran razón para ello.

No fueron sus métodos de enseñanza, ni su forma de seleccionar a los jugadores adecuados, ni siquiera su habilidad como entrenador. En gran parte se debió a su mentalidad. Phil Jackson basaba todos sus métodos de entrenamiento en valores. Su estilo de enseñanza estaba impregnado de un lenguaje basado en valores que inspiraba, no sólo instruía. No se limitaba a decir a sus jugadores lo que tenían que hacer, sino que se centraba en el porqué.

La mayoría de los entrenadores, para motivar a su equipo, no lo hacen de la manera correcta. La mitad de ellos animan a su equipo con afirmaciones egoístas, superficiales y efímeras. Pueden decir cosas como "¡Somos los campeones! ¡Los mejores entre los mejores! Vamos a demostrarles lo que tenemos". La otra mitad puede utilizar tácticas basadas en el miedo como "¡¿Quieres que te conozcan como los perdedores?!" y "¡Hemos derramado sudor, sangre y lágrimas en esto, así que no dejes que te arrepientas!". Ambas tácticas pueden ser motivadoras, pero sólo por poco tiempo porque son superficiales.

En cambio, Phil dijo a su equipo que recordaran por qué lo estaban haciendo. Aunque no es tan ruidoso ni exagerado, este enfoque puede llegarnos al corazón porque tiene un significado personal. La gente nunca recuerda lo que ocurre. Recuerdan lo que los acontecimientos significan para ellos.

Todos estamos increíblemente impulsados por un propósito. ¿Cuántas veces ha preguntado un estudiante de secundaria a su profesor de matemáticas: "Para qué necesitamos esto"? No es que vayamos a usarlo nunca". Sin una razón válida y personalmente importante para hacer algo, hacerlo parece inútil y poco estimulante. Sin embargo, si esos estudiantes de secundaria tuvieran una visión más amplia, podrían darse cuenta de que los conocimientos matemáticos sirven para realizar estudios más avanzados que ayudan a acceder a carreras de importancia social que pueden proporcionarles una vida mejor en el futuro. Esto es sólo un ejemplo: cualquiera puede elegir lo que le da sentido a algo. No importa por qué, siempre que sea valioso y esté vinculado a tu propósito u objetivo fundamental, funciona. Te alimenta a largo plazo.

Por otro lado, actuar como si muchas tareas esenciales no tuvieran sentido o fueran inútiles es delirante. Decir que algo no tiene sentido para ti o, en general, es el resultado del miedo. Ves la tarea como un reto, así que utilizas su falta de sentido como excusa. Sin embargo, si le atribuyeras un propósito, tal vez te habrías vuelto lo suficientemente fuerte como para asumir el reto. Es una elección, y esa elección es evitar los problemas y evitar la realidad.

### Resistirse a la realidad

Negarse a ver la realidad es como beber veneno. Pequeñas dosis de veneno empañarán tu percepción con el tiempo, dejándote ciego ante lo que realmente necesitas ver. Ver de frente los problemas de la vida te permite encontrar posibles soluciones. Como mínimo, aceptarlas reduce la angustia psicológica. Ser resiliente no consiste en ignorar el dolor, sino en afrontarlo de todos modos y superarlo con determinación.

Además, ignorar la realidad conduce a la incapacidad de soltar el control. Los deportistas no están hechos para ser fanáticos del control. Deben trabajar con fluidez con lo que tienen. Sin embargo, cuando no se puede aceptar un resultado determinado como, por ejemplo, perder un partido, puede conducir a una acción desagradable. Puedes hacer lo que sea para ganar e incluso recurrir a acciones poco éticas. Por ejemplo, podrías rebajarte a hacer trampas, forzar un resultado, mentir o manipular, nada de lo cual debería formar parte de los valores de un deportista. O puedes tener un arrebato de ira que revele tu falta de deportividad. Nada hace que una persona pierda más el respeto de los demás que ser un mal perdedor.

Resistirse a lo que ocurre en la vida no es poder. Proviene del miedo. Como has leído hasta ahora, los deportistas deben aprender a captar y gestionar su miedo, no dejar que les domine.

### Lo que resistes persiste

Cuando te resistes a algo, es probable que te siga a todas part es.[105] Al fin y al cabo, los polos opuestos se atraen. Es porque te estás centrando más en lo que no quieres. Cada vez que temes un resultado, aunque creas que lo estás ignorando, en realidad le estás dando más poder. El problema permanecerá o surgirá continuamente en tu vida. Esto se debe a que estás poniendo mucha energía mental (y quizás física) en evitarlo.

Resistirse es el resultado de no querer enfrentarse a las experiencias negativas. Muchos asumen falsamente que ignorar las cosas malas, como el miedo, la incomodidad y el dolor, conducirá a la felicidad.[106] Sin embargo, la felicidad no se encuentra en la zona de confort. Se encuentra más bien en aprender a gestionar el estrés y las dificultades. Protegerse nunca llevará a prosperar.

Por eso el deporte puede ser bueno para todos y para cualquiera. Aunque los deportes implican riesgos físicos, también presentan oportunidades para crecer frente al estrés, la presión y el miedo. Hacerlo en una situación controlada te prepara también para los retos de la vida.

Además, resistirse proviene de no resolver las emociones. Si tienes miedo de enfrentarte a algo, evitarlo no hace que el miedo desaparezca. Te apegas al miedo y a otros sentimientos no resueltos. Como hemos aprendido antes, los sentimientos son mensajes. Debes actuar conscientemente sobre ellos, permitiéndote procesarlos o resolverlos. Si no los resuelves, se quedan ahí. Como dijo una vez Carl Jung, lo que resistes persiste e incluso crece.[107]

El problema es que el rechazo de la realidad requiere energía. Puede que pienses que es inútil gastar energía en enfrentarte a algo que, de todos modos, no quieres hacer. Te invito a cambiar de perspectiva. Las emociones no resueltas seguirán pesando en la mente y bullirán una y otra vez. Intentar retenerlas te sacará más de ti a largo plazo.

En lugar de eso, intenta afrontar la vida así: para conseguir lo que quieres, quiere lo que consigues. Esto disuelve toda resistencia. La mentalidad es una aceptación general de todo lo que se te presenta. Imagina lo fuerte que te vuelves cuando amas el resultado, pase lo que pase. La evitación permite que el problema continúe, y puede que nunca te enfrentes a él si actúas como si no existiera. Mientras tanto, aceptar lo que es cierto te sitúa en un lugar consciente en el que puedes cambiar y mejorar. La aceptación no es una derrota; es una fortaleza.

Acepta y da la bienvenida a todo lo que se te presente. Es lo más inteligente, lo más útil, y ahorra tiempo, dinero y energía.

## EL ENFOQUE ZEN

La filosofía zen es una forma de vida que practican los monjes Budistas Zen.[108] La filosofía pretende simplificarlo todo: mente, cuerpo y alma. La buena noticia es que no hace falta ser monje para beneficiarse de un estilo de vida zen.

Se pueden aplicar ciertos principios, como vivir con sencillez. Deshazte de las cosas innecesarias y sin importancia para centrarte en las importantes. Algunas cosas son necesarias y otras no. Una buena práctica para los deportistas es intentar vivir con menos de lo habitual como un reto extra.

Medita durante tareas mundanas como limpiar y cocinar. Incorporar la atención plena a tu vida diaria, especialmente en las tareas aburridas, te ayuda a concentrarte mejor. Puedes hacerlas despacio y con plena concentración. También puedes meditar sentado, corriendo, haciendo ejercicio, etc. Crea una rutina con momentos designados para los rituales: los rituales y las rutinas te ayudan a mantenerte dentro de un sistema. Para ser más zen, sigue estos principios básicos.[109]

### Negación del ego

Negar el ego significa dejar de identificarse con los pensamientos superficiales. Estos pensamientos suelen empezar con "yo", como "soy un atleta" o "soy un estudiante". Cuando se trata de etiquetas, identidades, estatus, posición, trabajos u otras formas de describirnos a nosotros mismos, eso constituye nuestro ego. Identificarnos con el ego significa que nos apegamos a cada pensamiento que tenemos. Si pensamos: "Soy un fracaso", nuestros pensamientos resuenan como verdaderos. El ego consiste en ser lo que tienes. Negar el ego es simplemente ser.

Para separarte del ego o de tu falso sentido del yo, considera quién serías sin las cosas de tu vida: tu deporte, tu identidad escolar, tu familia, tu cultura, tus aficiones e intereses, tu estatus socioeconómico, tu identidad de género, etc. ¿Quién eres en esencia? ¿Qué pasaría si perdieras alguna de esas cosas de la noche a la mañana?

Si sientes que serías menos sin esas cosas, significa que te identificas con el ego. Eso significa que tienes puntos débiles abiertos que debes cuidar. Cuando alcances un punto en el que tu ego no sea tan poderoso, lograrás una mayor fortaleza mental. El verdadero poder es sentirse invicto, incluso cuando te despojan de todo lo que tienes.

## Interconectividad

Una de las creencias fundamentales del budismo zen es que todo es interdependiente. Nadie existe en el vacío. Un individuo está conectado a otro de alguna manera, física o energéticamente. También estamos conectados con la tierra, las plantas, los animales, la naturaleza y el universo. Con esta filosofía, podemos aprender a pensar más allá de nosotros mismos. Podemos ver un mayor valor en estar al servicio de los demás por razones más desinteresadas.

## El apego es sufrimiento

El apego es la fuente de todo sufrimiento humano. ¿Qué es exactamente el apego? Es cuando te aferras obstinadamente a las cosas de este mundo físico, ya sea una cosa, una persona, una experiencia o una idea.

El apego es sufrimiento porque no tienes garantizada la posesión permanente de esas cosas. Los seres humanos mueren o se van; no tienes derecho a ninguna oportunidad, dinero, trabajo o lugar en la vida, aunque trabajes duro para conseguirlo.

Esto no quiere decir que debas aislarte, abandonar el deporte o dejar de intentarlo en la vida. El apego tiene sus extremos. Por ejemplo, puedes aspirar a ganar un partido del campeonato. Sin embargo, no debes estar tan obsesionado con ganar que empieces a descuidar otros aspectos, incluida tu salud, un ejemplo de apego malsano. En este caso, estás apegado a un resultado concreto, y el apego te está frenando más de lo que te ayuda.

Si quieres saber si ha llegado el momento de desprenderte de algo, fíjate si te está causando más dolor que paz.

### La percepción humana es defectuosa

Nuestra percepción de la realidad es subjetiva, lo que significa que es indudablemente imperfecta. A menudo vivimos con la idea de que porque algo es como creemos que es, así es. Si es así como lo sentimos, entonces debe ser cierto. Reconocer que la percepción humana es inherentemente defectuosa nos da mayor sabiduría. Nos permite cuestionar nuestras mentes y nos ofrece una perspectiva diferente de ver las cosas.

## CÓMO PRACTICAR LA ACEPTACIÓN EN LA VIDA REAL

Practicar la aceptación es clave para cultivar la fortaleza mental. Es innegable que caerás en circunstancias que no te gusten. Cuando estás apegado a un resultado concreto, no puedes aceptar otra cosa que no sea ese resultado. Los filósofos estoicos solían decir algo parecido a: "No desees que ocurra lo que quieres, desea que las cosas ocurran como ocurren".

La mentalidad de la aceptación te impide apegarte a cosas que podrían hacerte sufrir más de lo debido. Como tal, aceptación es sinónimo de no apego.

Según Aaron Dutil, LPC, "no estar completamente apegado a los objetos materiales puede ayudar a las personas a construir una mentalidad resiliente".[110] El apego malsano se parece a estresarse por cosas que están fuera de tu control. Puede que te agobie el estrés interno, la culpa o el resentimiento. Influye negativamente cualquier cosa que afecte a tu concentración mental, como la rumiación, los sentimientos duros, las situaciones difíciles y los factores externos sobre los que no puedes hacer nada.

Aprender a desapegarte es una habilidad que tiene que ver con la atención plena. Terapias como la cognitivo-conductual (TCC) incluyen conceptos como ser consciente de los pensamientos, emociones y comportamientos que no te sirven y llegar a un punto en el que puedas elegir conscientemente alejarte de ellos. Practicar el desapego consiste en elegir cómo responder a las cosas que están fuera de tu control. Ayuda a despejar la mente, domar los pensamientos y aumentar la autocompasión.

Practicar el desapego requiere trabajo interno.[109] La mayoría de las cosas por las que nos preocupamos y en las que volcamos nuestras fuerzas son cosas que no podemos cambiar. Por ejemplo, puedes encontrarte con un insulto grosero, acciones hirientes o la pérdida de una oportunidad. Por muy desagradables que sean estas cosas, podemos aprender a no dejar que las pérdidas nos definan.

El objetivo del desapego no es eliminar el miedo, la tristeza o las emociones fuertes. Más bien, es protegerte de que tales emociones te abrumen. Lo mismo se aplica a los objetos materiales o a los logros impulsados por el ego, como la fama, el dinero y el éxito. Puedes, por supuesto, tener metas para alcanzar estos logros materiales, pero tu no-apego te dará una sensación de libertad: Sin ellos, seguirás estando bien; y esto te dará fuerza.

Por supuesto, todo esto no es fácil. Cuanto más practiques, mejor podrás distanciarte de la situación actual de forma que te permita tener más claridad en tu elección.

**CÓMO DEJAR IR LOS ERRORES**

Tanto si eres demasiado arrogante y descuidas tu formación como si dejas que la presión social te lleve a ignorar tus responsabilidades, todos cometemos errores en un momento u otro.

### Perdónate a ti mismo y a los demás

Perdonar no es sólo sentirse mejor, es una forma de procesar y liberarse del resentimiento reprimido hacia uno mismo y hacia los demás. Puede que tus padres, compañeros o amigos te hayan hecho daño, pero si eliges no perdonarles, seguirán haciéndote daño, incluso después de que hayan pasado página.

El perdón es una decisión de liberarse del resentimiento y de los pensamientos de vengarse de alguien. Cuanto más perdones, mejor será tu vida. Lo creas o no, la falta de perdón puede destruir la salud mental y física. La depresión, la ansiedad, la hipertensión y un sistema inmunitario débil pueden ser el resultado de aferrarte a momentos en los que te han hecho daño y que parece que no puedes olvidar.

Por supuesto, tienes derecho a sentir el dolor de la traición o la tristeza. Sin embargo, guardar rencor no es racional. No te ayudará en nada en la vida, ni en el deporte ni en tus relaciones. Puedes tener mucho bagaje de hechos no perdonados al entablar nuevas amistades. Puedes quedarte anclado en el pasado. Al final, la persona que sale perjudicada eres tú.

Perdonarse a uno mismo es aún más difícil a veces. Tú eres el que perdona y puedes ser más duro contigo mismo que con los demás.

¿Cómo perdonarse a uno mismo y a los demás?

   1. Pregúntate por qué tú o ellos se han comportado así.

2. Reflexiona sobre ti mismo y sobre si has hecho daño a los demás (o a ti mismo).

3. Escribe un diario o medita sobre tu proceso de pensamiento con la intención de perdonar.

4. El perdón es un proceso. Puede que necesites perdonar a otra persona o a ti mismo varias veces, incluso a diario.

Recuerda que la reconciliación no siempre es necesaria. El perdón no consiste en dar a la otra persona otra oportunidad; consiste en cambiar tu vida.[111]

Si necesitas perdón, reconoce los errores y cómo afectaron a los demás. Si lo sientes de verdad, discúlpate sin poner excusas.

### *Busca la lección y sigue adelante*

Siente tus sentimientos sin juzgarlos. No te permitas aceptar pensamientos negativos automáticos que hacen que las cosas parezcan permanentes o irresolubles; en lugar de eso, desafía esos pensamientos. Piensa en cómo respondiste en el pasado a una situación estresante o desafiante. ¿La respuesta te hizo sentir mejor o peor? ¿Fue una respuesta o reaccionaste precipitadamente? Esta es una reflexión consciente del pasado que te permite aprender de verdad. La experiencia es una lección, pero si intentas borrar e ignorar el pasado o, por el contrario, rumiarlo todos los días, no aprenderás nada.[112]

La rumiación se manifiesta por no aceptar el pasado. Quieres controlar cómo resultó el pasado, así que sigues obsesionándote con él y repasándolo mentalmente en un esfuerzo subconsciente por cambiarlo pero, como todos sabemos, no puedes cambiar el pasado. En lugar de eso, pierdes el tiempo en el presente en vez de hacer cambios reales ahora. Como dijo C.S. Lewis: "No puedes volver atrás y cambiar el principio, pero puedes empezar donde estás y cambiar el final".

Intentar olvidar el pasado tampoco funciona. Es sólo evasión que lleva a no aprender nada valioso. Puede que sigas cultivando los mismos patrones autodestructivos una y otra vez, preguntándote qué es lo que falla.

La no aceptación suele acarrear más problemas. Intenta reflexionar sobre tus mayores errores en un diario o meditando.[113] Hazte preguntas difíciles.

- ¿Qué hay en este error que me resulta tan significativo?

- ¿Qué me llevó a cometer este error?

- ¿Cómo hubiera actuado de otra manera?

- ¿Qué puedo hacer ahora para no volver a cometer este error?

- ¿Qué respuestas puedo tener preparadas en el futuro en caso de que esta situación se repita?

Estas preguntas se centran en procesar y desglosar los acontecimientos que condujeron a tu error, a la vez que exploras posibles soluciones.

### Deja atrás el pasado

El pasado ya no existe. No lo olvides, abandónalo y déjalo ir. No dejes que los viejos errores te retengan. Pensar en ellos una y otra vez no es una forma de perdón, como tampoco lo es castigarte por ello. Si no te ayuda a mejorar tu presente o tu futuro, es una complejidad innecesaria.[114]

Después de aprender lo que necesitas aprender, es hora de centrarte en el presente y en lo que estás haciendo ahora. ¿Corres el riesgo de cometer el mismo error? Si te quedas anclado en el pasado, sólo conseguirás crear más cosas de las que arrepentirte.

Ten en cuenta los siguientes mantras para mantener la cabeza hacia delante y los demonios detrás de ti:

- "Es lo que hay".

- "No hay nada que hacer al respecto".

- "No mires atrás".

- "El presente cambia el pasado".

Como dijo una vez Søren Kierkegaard: "La vida sólo puede entenderse hacia atrás; pero debe vivirse hacia adelante".

**Prueba esto:** Enumera qué partes de tu vida tienen mucha resistencia para ti. Pensando en lo que sabes ahora sobre la aceptación, ¿hay alguna otra estrategia para afrontarlo? ¿Hay algún reto que estés evitando o algún resultado que te aterrorice? Piensa en cómo aceptarlo podría cambiar la situación para ti.[115]

Lo bueno de todo esto es que no eres el único que ha pasado por estas luchas. Muchos atletas se han enfrentado antes a los mismos retos que tú. Con muchos de los principios de este libro, han podido alcanzar el éxito con el que soñaban. Inspírate en sus historias para ver cómo la mentalidad puede cambiar las reglas del juego.

# 10
# ÉXITO EN TIEMPO REAL

*"A todos los demás soñadores ahí fuera, no se detengan nunca ni dejen que la negatividad del mundo les desanime a ustedes o a su espíritu. Si te rodeas de amor y de la gente adecuada, todo es posible."*

– Adam Green

Si te lo propones, todo es posible. La prueba de ello está en la multitud de historias de atletas que hay por ahí. Ver a otra persona como tú llegar a donde quieres estar y cómo lo ha hecho es realmente inspirador. Es el empujón que necesitas para embarcarte en un viaje de desarrollo de la resiliencia en el deporte y más allá.

**TÉCNICA INFALIBLE #9: INSPÍRATE Y MANTENTE INSPIRADO**

Las siguientes historias pueden darte fuerzas y munición extra para ayudarte a alcanzar tu sueño deportivo.[118] Vuelve a ellas siempre que necesites la convicción para seguir adelante.

### David Sills

Desde los 9 años, el padre de David Sills reconoció la asombrosa habilidad de su hijo como mariscal de campo.[116] Era tan bueno que a los 13 años recibió una oferta del equipo de los Trojans de la Universidad de Santa Mónica. Sin embargo, a pesar de ser un joven prodigio, David no olvidó ni descuidó su ética de trabajo. Siguió centrado en su objetivo, sin detenerse nunca porque pensaba que era lo bastante bueno.

Sin embargo, las cosas no salieron como había planeado. David acabó perdiendo la oferta que le habían ofrecido inicialmente. Se esforzó al máximo por cumplir sus sueños de mariscal. Pero no llegó ninguna oferta.

David entendió el mensaje. Estaba listo para seguir adelante.

¿La lección? Nunca te arrepientas del honorable acto de intentar hacer algo lo mejor que puedas antes de rendirte. Es más, no tengas miedo de seguir adelante si no funciona; no hay de qué avergonzarse.

David cambió su determinación por la de convertirse en el mejor receptor y, de hecho, se convirtió en el mejor después de sólo un año. Quizás no fue su talento natural lo que hizo especial a David, sino su trabajo duro y su adaptabilidad.

### Freddy Adu

A los 14 años, el futbolista Freddy Adu era una clara promesa. Era uno de los jugadores con más talento, y ganó con su equipo, el DC United, la Copa de la MLS de 2004. ¡Imagínate que te ofrecieran un contrato profesional a tan temprana edad!

Desgraciadamente, al ser tan joven, su tiempo de juego fue menor que el que habría tenido un jugador adulto. El motivo era su crecimiento y desarrollo. A pesar de ello, Freddy siguió destacando a lo largo de su vida hasta que empezó a jugar profesionalmente a los 24 años.

La historia de Freddy nos demuestra que la edad no importa.

### Wayne Gretzky

En 1979, Wayne tenía sólo 19 años cuando se incorporó al equipo de hockey Edmonton Oilers. Poco después, ayudó al equipo a ganar el Trofeo Hart Memorial, un galardón muy aclamado en el deporte del hockey. Ganaría ocho de esos trofeos consecutivos, una racha notable para alguien tan joven.

Curiosamente, no es que Wayne fuera especialmente ambicioso. En realidad, simplemente perseguía lo que quería. Disfrutaba de verdad patinando, llegando a hacerlo durante 8 horas al día con sólo 6 años. Esa afición se le quedó grabada, convirtiéndole quizá sin querer en el mejor en lo que hacía. Incluso después de ganar fama por sus asombrosas jugadas, era inmune. Prefería que sus compañeros de equipo y los medios de comunicación le trataran como a cualquier adolescente/joven adulto normal. En otras palabras, es evidente que Wayne encontró el éxito simplemente siguiendo su verdadero norte.

Gretzky se ha ganado el título de "El Grande" por conseguir más puntos a su edad que nadie en la historia del hockey.

### Spencer Wilson

Los atletas espectaculares son capaces de canalizar un dolor vital inmutable en algo positivo. Cosas como la enfermedad y la muerte son partes de la vida que no podemos ignorar. Aunque pueden llenarnos de dolor, ese dolor puede transformarse en una acción inspiradora.

Eso es exactamente lo que hizo el adolescente Spencer Wilson.

Como alumno del instituto católico Bishop McGuinness, participó en el Dedication Game, un evento en el que los jugadores de baloncesto juegan por el bien de una persona importante en su vida. ¿A quién eligió Spencer? Dedicó el partido a un querido amigo que había fallecido un año antes de cáncer. Ambos se conocieron cuando el propio Spencer luchaba contra el cáncer. Hace tres años, los médicos le dijeron que le quedaba medio año de vida. Sin embargo, sobrevivió, no una, sino dos veces. Por desgracia, su amigo Josh Rominger no sobrevivió, y Spencer aprovechó la ocasión para dedicarle el partido.

La historia de Spencer pone de relieve lo que todos los deportistas deberían intentar hacer: que el juego o la competición giren en torno a algo más grande que uno mismo. Cuando el objetivo va más allá de la victoria o la medalla, seguro que pones el corazón y el alma en tu deporte.

### Melinda Harrison

Ahora mismo, puede que sientas que tu deporte lo es todo. Por otro lado, puede que te sientas presionado por la idea de que tu futuro está limitado o constreñido por tu deporte. ¿Qué pasará cuando hayas alcanzado todos tus objetivos? Peor aún, ¿qué pasa si no consigues el objetivo por el que has trabajado durante casi toda tu vida, como entrar en un equipo universitario o en una academia de prestigio?

La historia de Melinda es un ejemplo de flexibilidad.[117]

Como nadadora, Melina tenía una única meta. Su objetivo era llegar a los Juegos Olímpicos, y cada parte de su día estaba estructurada con ese objetivo en mente. Se entrenó a tiempo completo y fue olímpica antes de terminar la universidad. Fue All-American y medallista de plata en la NCAA.

Cuando logró sus objetivos, se sintió entusiasmada por el siguiente paso en su vida.

Si eres un joven deportista, puede que conozcas bien este sentimiento. Algunos quieren volcarlo todo en su deporte, ser los mejores que puedan, y luego, al conseguir todos sus sueños, pasar al siguiente proyecto, ya sea estudiar algo que siempre han querido o conseguir el trabajo de sus sueños si no fueran deportistas. Por desgracia, es difícil compaginar el deporte con otras cosas en esta etapa de la vida. Convertirse en un deportista de éxito requiere dedicación y esfuerzo a tiempo completo, con poco tiempo para invertir en estudios o carreras. Por ello, es difícil no pensar en uno mismo como algo más que un atleta, ya que cada minuto de tu día gira en torno a ello.

La vida nunca va como esperamos. Sabemos que este libro trata sobre cómo crear una actitud mental fuerte que te lleve al éxito en tu carrera deportiva. No podemos hablar de fortaleza mental sin enfrentarnos al elefante en la habitación... ¿y si no tienes éxito?

¿Y si no llegas al equipo, a los nacionales, a los campeonatos o a las Olimpiadas? ¿Y si se acaba demasiado pronto después de una increíble racha de victorias? ¿Y si tu propósito se desvanece y descubres que tus éxitos ya no te impulsan? Para ser resiliente, debes estar preparado para ser flexible en tus objetivos vitales cuando las cosas cambien. Debes estar preparado para crear una nueva vida que no gire en torno a tu deporte.

Melinda lo aprendió por las malas. Cuando cumplió sus objetivos, no se dio cuenta de lo difícil que iba a ser dejar de centrarse en el deporte para dedicarse a otra cosa. Olvidó lo que se siente al llevar una vida normal y experimentó algunos efectos secundarios inesperados:

1. Perder el reconocimiento: Puede que te hayas acostumbrado a los vítores y las celebraciones del público o de tus amigos y familiares. Esa validación externa puede ser casi adictiva. La verdadera prueba de fortaleza mental sería durante la transición. Cuando todo lo positivo tiene que ver con el deporte, ¿cómo reaccionas cuando esa fase se acaba? ¿Te mantendrás fuerte y resistirás centrándote en la validación interna, la integridad, la resistencia y la disciplina, utilizando lo que aprendiste en el deporte?

2. Efectos sobre la salud mental: La transición puede ser aterradora, triste o estresante. Melinda aprendió que centrarse en la salud mental es crucial a la hora de hacer la transición.

3. Asumir responsabilidades puede resultar difícil para los deportistas que han estado acostumbrados a que otros estructuren su rutina por ellos, ya sea su entrenador o sus

padres. ¿Qué hará para mantener un régimen constante sin entrenamientos, encuentros y partidos? Esta es otra parte difícil de ser deportista. Tal vez tu disciplina dependía de las limitaciones de tiempo y la rutina, pero eso no significa que no seas fuerte o que tú mismo tomes esas decisiones de programación para permitir que florezca tu autodisciplina. Recuerda navegar por la transición con serena responsabilidad. Intenta no caer en hábitos nocivos como quedarte fuera hasta muy tarde o levantarte a cualquier hora o comer cualquier cosa sólo porque puedes.

Ahora, Melinda es una coach ejecutiva profesional certificada con experiencia en descubrir y realizar metas. Ayuda a otras personas y a deportistas a saber adónde ir después. Desde que pasó de olímpica a empresaria, sabe cómo enseñar a los demás a saltar de un objetivo al siguiente.

La historia de Melinda es una historia de éxito, tanto en el deporte como en otros ámbitos. Y lo que es más importante, nos enseña a ser atletas en la vida, no sólo en el deporte.

### Mike Tyson

De adolescente, Mike Tyson ya era un boxeador prolífico. Era implacable en cada combate. A los 18 años, Mike tenía una racha de nocauts. Cuando debutó como profesional, había ganado a Héctor Mercedes por nocaut en el primer asalto. Fue el boxeador más joven en ganar el título mundial de los pesos pesados con 20 años. El año en que se proclamó campeón, 1986, fue justo el año en que murió su entrenador y tutor legal. Su muerte dio a Mike más motivos para ser campeón.

No es hasta más tarde en su carrera cuando entendemos por qué Mike estaba tan decidido a ser el boxeador más peligroso. Hasta el día de hoy, habla de su pasado y de dónde vino: no fue una infancia fácil, con una casa, una familia y una valla. Está claro que Mike sacó su ferocidad de su oscuro pasado, en el que tuvo que depender de sí mismo.

Hoy en día, Mike Tyson es una verdadera inspiración, no sólo por su temprano éxito, sino también por su innegable sabiduría. A diferencia de otros, no ha tenido miedo de admitir sus defectos y errores pasados. Tyson nos ha dejado muchas citas profundas y resonantes para recordar cuando atravesamos nuestras propias luchas. Por ejemplo, es famosa su frase: "La autodisciplina es hacer lo que odias, pero hacerlo como si te gustara".

### *Mary Lou Retton*

En la década de 1980 surgió una gimnasta de talla mundial. Esta gimnasta sólo tenía 16 años cuando logró este título. Mary Lou Retton fue una extraordinaria gimnasta estadounidense que se presentó y ganó los nacionales y las pruebas olímpicas de Estados Unidos, todo ello antes de cumplir los 18 años.

Por desgracia, la tragedia se cebó con ella en 1984, cuando tuvo que ser operada de la rodilla debido a una lesión. No quería perder la oportunidad de actuar en los Juegos Olímpicos, así que se las arregló para operarse antes de la Olimpiada.

Ese año, las Olimpiadas se celebraron en Los Ángeles, Estados Unidos. Menos mal que lo consiguió, porque Mary Lou sorprendió al público y a los jueces. Obtuvo puntuaciones perfectas consecutivas de 10 durante el ejercicio de suelo y ganó una de las cinco medallas de oro. Ese año apareció en Sports Illustrated como "Deportista del Año".

Estas historias nos demuestran que la edad no importa. Innumerables atletas jóvenes, adolescentes y adultos jóvenes han logrado resultados alucinantes. Conocer sus historias puede motivarte e inspirarte para esforzarte al máximo. Inspirarte en personas similares a las que aspiras a ser te hace confiar en tu potencial.

# CONCLUSIONES

*"Has sobrevivido al 100% de todo en tu vida hasta aho-*
*ra. . . Hay muchas posibilidades de que sobrevivas a lo*
*que venga a continuación."*

— Anónimo

La resiliencia no es algo que se pueda comprar. Está al alcance de cualquiera, siempre que trabajes para desarrollarla como una habilidad. Es una habilidad valiosa que te convierte en el rey de tu mente, en el amo de tus emociones.

Y lo que es más importante, la resiliencia te mantendrá en pie incluso en los momentos más difíciles.

Todos los deportistas se enfrentan a retos. Desde las tensiones fisiológicas hasta los problemas emocionales y los obstáculos físicos de la competición, son muchos los factores que afectan a su rendimiento. Las lesiones, los bajones, la presión y los conflictos vitales son algunos ejemplos de sus factores estresantes.

Muchas personas asumen erróneamente que la resiliencia es un talento o un rasgo inherente. La resiliencia no es algo con lo que se nace. La investigación ha demostrado que cualquiera puede desarrollar y cultivar habilidades que contribuyen a la resiliencia general. Es un músculo que se fortalece con cada uso. Trabajas ese músculo cada vez que tropiezas y te levantas. La próxima vez que te caigas, te levantarás mucho más rápido, con más determinación y motivación para triunfar.

El punto álgido de la resiliencia es cuando el fracaso te da más energía que el éxito.

Puedes llegar a ser resiliente adoptando la mentalidad adecuada y aprendiendo estrategias de afrontamiento específicas para superar los retos. Tales estrategias crearán una mente formidable capaz de resistir lesiones y contratiempos en el rendimiento deportivo. Pueden darte una confianza, una determinación y una autoestima inquebrantables para que ningún reto externo afecte a cómo te sientes contigo mismo.

En el deporte, puedes ver los efectos físicos de la resiliencia. Utiliza tu vida deportiva como una oportunidad para practicar la resiliencia, y también aparecerá en otras áreas de la vida. Por supuesto, ser mentalmente fuerte mejorará sin duda tu rendimiento.

A menudo, lo que distingue a los atletas no son las horas de trabajo que dedican, el entrenador que tienen o el dinero que poseen; se trata de sus mentes de acero y su voluntad de hierro.

Como joven atleta, quieres ser un ganador de talla mundial. Pero lo irónico es que, si quieres ser una estrella de tu deporte, tienes que hacerlo por ti mismo, no por el mundo.

Esto significa que las habilidades más importantes son la fijación de objetivos, la definición de propósitos y la pasión. Para ser como los atletas famosos que inspiran, debes seguir estas técnicas para desarrollar la resiliencia.

## LAS 9 TÉCNICAS INFALIBLES PARA AUMENTAR LA RESILIENCIA Y FORJAR UNA MENTALIDAD INVENCIBLE

**#1: Tener una dirección clara en la vida:** Sin dirección, irás dando tumbos por todas partes. Para convertirte en un atleta excelente, debes apuntar bien. Después de disparar la primera flecha, puedes recalibrar tu puntería, pero empieza siempre con una dirección clara.

**#2: Aclara lo que te impide avanzar:** Muchos deportistas se preguntan qué les pasa. ¿Por qué no progresan? Si es tu caso, piensa qué hábitos contraproducentes se interponen en tu camino. Tal vez sean las personas que forman parte de tu vida, un horario de sueño o una dieta poco saludables, o incluso tu autoconcepto negativo. Es hora de eliminar todo eso para reducir los obstáculos que te frenan.

**#3: Descubre lo que te hace bien:** Cualquier cosa que te dé un impulso, cualquier habilidad o talento que tengas, debe maximizarse. Trabajar al máximo de tus posibilidades requiere saber qué es bueno para ti y para tu bienestar físico y mental. Tú eres responsable de que tu cuerpo y tu mente prosperen y estén preparados para enfrentarse a cualquier cosa.

**#4: Domina tu mente y tu forma de pensar:** Tu mente es tu mayor activo. Cuando tu cuerpo deje de funcionar, tu mente seguirá funcionando. Es importante que aumentes tu poder sobre ella y domines tu mentalidad. Cambia de perspectiva y la vida se adaptará a tus deseos.

**#5: Domina tus emociones y utiliza su energía para avanzar:** La fortaleza mental requiere gestionar tus emociones. Ser dueño de lo que sientes te permite canalizarlo y convertirlo en energía. Tanto si es una emoción negativa la que te impulsa como si es una emoción positiva la que te hace avanzar, puedes sacar partido de ella.

**#6: Incluye tu parte espiritual en tu carrera deportiva:** El deporte y el espíritu son inseparables. Los jóvenes atletas pueden aprovechar esta ventaja. Cuanto más cuidado y esfuerzo pongas en tu lado espiritual -ya sea a través de la oración religiosa o la meditación pacífica-, mayor será tu combustible para llevar a cabo tu objetivo.

**#7: Haz lo que funciona, todos los días:** Las acciones diarias, constantes y persistentes son más importantes que las grandes victorias puntuales. Averigua qué es lo que te funciona y sigue haciéndolo. En cuanto a lo que no funciona, ya has aprendido a cambiar de perspectiva y a pensar con originalidad. Cada pequeña tarea puede ser un peldaño hacia tu objetivo si así lo decides.

**#8: Para ganar, mantén la calma, concéntrate y sé frío:** Los atletas duros permanecen imperturbables. Los problemas y los retos no les desaniman. Se concentran en la tarea que tienen entre manos sin dejarse distraer por las emociones. La clave no es la apatía, sino aceptar cómo son las cosas en el mundo.

**#9: Inspírate y mantente inspirado:** todo es posible si crees en ello. Para avivar tu fe y mantener encendido el fuego de tu pasión, inspírate en otros deportistas. Fíjate en las historias de jóvenes deportistas como tú que desafiaron las adversidades. Lee sobre algunas hazañas asombrosas que han logrado jóvenes atletas, como batir récords o utilizar su deporte como medio para conseguir un fin mayor.

Recuerda que las personas con alta resiliencia tienen las siguientes características:

1. Autoconocimeinto

2. Autocontrol

3. Manejo de las emociones

4. Determinación

5. Flexibilidad

Para aumentar la resiliencia, céntrate en estas cinco cosas (5Cs): Confianza, Competencia, Compromiso, Conexión con los demás y Comunicación. Aumentar cualquiera de estos factores incrementará enormemente su capacidad para soportar las dificultades. Estos principios son evidentes en los consejos que se ofrecen en este libro. Si sigues cada paso y pones en práctica incluso algunas de las herramientas disponibles, te encontrarás fortaleciéndote día a día.

Entrena tanto tus músculos físicos como los mentales, porque mientras que la fuerza de nuestro cuerpo tiene un límite, la de nuestra mente no lo tiene.

# BUENA VOLUNTAD GRATUITA

Cada uno tiene sus cosas personales que pueden fortalecerle. Sin embargo, también hay cosas generales que a todos nos convendría hacer. Algunas cosas que serían recomendables para todos son: aprender a hacer las cosas desinteresadamente, dar a los demás sin esperar una recompensa o validación, y pensar en la interconexión del mundo.

Piensa en ello. No eres el único que está pasando por lo que estás pasando. Si no, ¡no habría un libro entero escrito sobre ello!

Cuanto más medites sobre el hecho de que no estás solo, más fácil te resultará ser más fuerte. Reflexionar sobre el mundo fuera de nosotros nos ayuda a ver que nuestro problema no es más que una partícula en el universo. También nos ayuda a ver a los demás con más compasión, en lugar de ver el mundo como una carrera hacia la meta.

Un atleta o una persona mentalmente fuerte aprovechará la oportunidad de dar a otro o ayudar a alguien que solía luchar como ellos. Cuando tengas más sabiduría de la que tenías al principio, comprenderás mejor a tu yo del pasado y a las personas que se encuentran en tu misma situación.

Aún más, agradecerías la oportunidad de guiarles hacia conocimientos importantes de cualquier forma posible.

Por suerte, hay una forma en la que muchos ni siquiera piensan. Hay al menos una pequeña acción o palabra para todo que puede poner la pelota en marcha. En el caso de ayudar a otros deportistas deseosos de ser más resistentes, dejar una reseña puede tener un impacto enorme.

Muchos jóvenes deportistas están dando vueltas a la cabeza, trabajando más duro que nunca. Sin embargo, se preguntan por qué no se sienten realizados. ¿Por qué cada pequeño fracaso les hace sentir que se rinden? No entienden cómo su supuesta pasión puede agotarse tan rápidamente. O cómo es posible equilibrar sus objetivos deportivos con su vida social.

Nuestra misión con este libro es llegar a aquellos que son como tú. Si puedes, tómate unos segundos para dejar una reseña sincera de este libro que refleje el valor que has recibido. Tu reseña ayudará a los deportistas con dificultades a encontrar este recurso y a mejorar su destreza mental y física.

# REFERENCIAS

1. The Newsmen. 2021. "The incredible success story of Michael Jordan." Accessed October 27, 2022. https://thenewsmen.co.in/high-flyers/the-incredible-success-story-of-michael-jordan/44895.

2. Raglin, John S. "Psychological Factors in Sport Performance." Sports Medicine 31, no. 12 (2001): 875–90. https://doi.org/10.2165/00007256-200131120-00004.

3. Coolaboo. s.f. "Ancient Greek Sport Facts for Kids." Accessed Septiembre 30, 2022. https://www.coolaboo.com/world-history/ancient-greece/ancient-greek-sport/.

4. Lambert, Tim. s.f. "A History of Sport." Local Histories. Accessed Septiembre 30, 2022. https://localhistories.org/a-history-of-sport/.

5. LSU Online. s.f. "What Is the Role of Sports in Society?" NowComment. Accessed November 3, 2022. https://nowcomment.com/documents/97820.

6. Gorcey, Ryan. s.f. "How Soccer Stopped The Great

War | News, Scores, Highlights, Stats, and Ru-
mors." Bleacher Report. Accessed September 30,
2022. https://bleacherreport.com/articles/96702-how-so
ccer-stopped-the-great-war.

7. Cohn, Patrick. 2020. "Do Kids Feel like Sports is a Job?"
Youth            Sports            Psychology.
https://www.youthsportspsychology.com/youth_sports_p
sychology_blog/do-your-kids-feel-like-sports-is-a-job/.

8. Ghildiyal, Rakesh. s.f. "Role of Sports in the Development
of an Individual and Role of Psychology in Sports." NCBI.
Acceso Octubre 27, 2022. https://www.ncbi.nlm.nih.gov/
pmc/articles/PMC4381313/.

9. Abbott, Mara. s.f. "The Real Story on Authentic Goals--by
Mara Abbott." Carmichael Training Systems. Acceso Septiembre 30, 2022. https://trainright.com/real-story-authe
ntic-goals-mara-abbott/.

10. Whittlestone, Jess. 2014. "How Useful is Identity?" Jess
Whittlestone. Accessed Octubre 27, 2022. https://jesswh
ittlestone.com/blog/2014/4/19/how-useful-is-identity.

11. Williams, Joanna L. 2018. "Adolescent Identity Development: What to Expect in Teens." Center for Parent and Teen
Communication. Acceso Octubre 27, 2022. https://parent
andteen.com/developing-adolescent-identity/.

12. Songco, Christine. s.f. "A list of common likes and dislikes
to increase self-awareness." Third Bliss. Acceso Octubre 27,
2022. https://thirdbliss.com/list-of-likes-and-dislikes/.

13. Mind Tools Content Team. s.f. "What Are Your Values?" Mind Tools. Accessed Octubre 27, 2022. https://www.mindtools.com/pages/article/newTED_85.htm.

14. Raypole, Crystal. 2020. "Sense of Self: What It Is and How to Build It." Healthline. https://www.healthline.com/health/sense-of-self.

15. Griffin, Trudi, and Stanley, Meghan. n.d. "How to Know Who You Are: 14 Steps (with Pictures)." wikiHow. Acceso Octubre 27, 2022. https://www.wikihow.com/Know-Who-You-Are.

16. Funk, Christine. 2015. "Maximize Your Strengths and Become Your Own Superhero." Bookboon. https://bookboon.com/blog/2015/11/be-your-own-superhero-maximize-your-strengths/.

17. Michael, Jonathan. s.f. "How to Identify Your Strengths and Weaknesses." Bplans Blog. Acceso Octubre 27, 2022. https://articles.bplans.com/how-to-identify-your-strengths-and-weaknesses/.

18. Zetlin, Minda. 2015. "How the Most Effective Leaders Turn Weaknesses Into Strengths." Inc. Magazine. https://www.inc.com/minda-zetlin/how-the-most-effective-leaders-turn-weaknesses-into-strengths.html.

19. Kabir, Homaira. s.f. "How to Let Go of Shoulds and Live by Your Musts." Happify. Acceso Noviembre 6, 2022. https://www.happify.com/hd/let-go-of-shoulds-and-live-by-your-musts/.

20. Clear, James. s.f. "Let Your Values Drive Your Choices." James Clear. Acceso Octubre 27, 2022. https://jamesclear .com/values-choices.

21. Ward, Jenna. s.f. "How To Feel Your Body's Yes/No." Jenna Ward. acceso Octubre 27, 2022. https://jennaward.co/yes/.

22. Ishak, Raven, Polish, Jay. 2017. "14 Signs Your Intuition Is Trying To Tell You Something — & How To Listen." Bustle. https://www.bustle.com/wellness/ways-to-know-if-your -intuition-is-trying-to-tell-you-something-how-to-listen -38787.

23. BBC News. 2014. "Natan Sharansky: How chess kept one man sane." https://www.bbc.com/news/magazine-2556 0162.

24. Adams, AJ. 2009. "Seeing Is Believing: The Power of Visualization." Psychology To- day. https://www.psychologytoday.com/za/blog/flourish /200912/seeing-is-believing-the-power-visualization.

25. Lohr, Jim. 2015. "Can Visualizing Your Body Doing Something Help You Learn to Do It Better?" Scientific American. https://www.scientificamerican.com/article/can-visualizi ng-your-body-doing-something-help-you-learn-to-do-it -better/.

26. University of Rochester Medical Center. n.d. "Journaling for Mental Health: Health Encyclopedia." Acceso Octubre 27, 2022. https://www.urmc.rochester.edu/encyclopedia/ content.aspx?ContentID=4552&ContentTypeID=1.

27. Funk, Christine. 2015. "Maximize Your Strengths and Become Your Own Superhero." Book-boon. https://bookboon.com/blog/2015/11/be-your-own -superhero-maximize-your-strengths/.

28. Locke, Robert. s.f. "The Stories Of These 5 Athletes Will Motivate Everyone Of You." Lifehack. acceso Septiembre 30, 2022. https://www.lifehack.org/articles/communication/the-st ories-these-5-athletes-will-motivate-everyone-you.html.

29. Zvi. 2017. "Complexity Is Bad." Less Wrong. Acceso Noviembre 3, 2022. https://www.lesswrong.com/posts/ WCxvmTyv9zYBPxTYJ/complexity-is-bad/.

30. Morin, Amy. 2018. "5 Ways to Simplify Your Life." Psychology Today. https://www.psychologytoday.com/za/blog/what-mental ly-strong-people-dont-do/201807/5-ways-simplify-your -life/.

31. Phillips, Dawa Tarchin. 2016. "How to Curb Self-Defeating Habits." Mindful. https://www.mindful.org/curb-self-def eating-habits/.

32. Avey, J. B., Wernsing, T. S., & Luthans, F. (2008). Can Posi-tive Employees Help Positive Organizational Change? Im-pact of Psychological Capital and Emotions on Relevant Attitudes and Behaviors. The Journal of Applied Behavioral Science, 44(1), 48–70. https://doi.org/10.1177/002188630 7311470.

33. Solari, Nancy. s.f. "How To Let Go of Fear And Become Un-

stoppable." Lifehack. Acceso Septiembre 30, 2022. https:/
/www.lifehack.org/891322/let-go-of-fear.

34. NHS Inform. 2021. "Ten ways to fight your fears." Acceso
Octubre 27, 2022.
https://www.nhsinform.scot/healthy-living/mental-well
being/fears-and-phobias/ten-ways-to-fight-your-fears.

35. Dietz, Meredith. 2022. "How 'Negative Visualization' Can Make You More Positive." LifeHack-
er. https://lifehacker.com/how-negative-visualization-ca
n-make-you-more-positive-1848462733/.

36. DiGiulio, Sarah. 2018. "How to spot (and deal with) an energy vampire." NBC News. https://www.nbcnews.com/be
tter/health/how-spot-deal-energy-vampire-ncna896251.

37. Beeslaar, Eleanor. 2019. "Healthy vs. Un-
healthy Boundaries." Healthy Relationships Initia-
tive. https://healthyrelationshipsinitiative.org/healthy-v
s-unhealthy-boundaries/.

38. Delaware Psychological Services. 2020. "7 Ways to Re-
move Toxic People From Your Life." Acceso Octubre 27,
2022. https://www.delawarepsychologicalservices.com/
post/7-ways-to-remove-toxic-people-from-your-life.

39. Tjan, Anthony K. 2015. "5 Ways to Become More
Self-Aware." Harvard Business Review. https://hbr.org/20
15/02/5-ways-to-become-more-self-aware.

40. McRae, Lauren. 2019. "How to Start a New Routine
and Stick To It." NorthShore University HealthSys-

tem. https://www.northshore.org/healthy-you/how-to-start-a-new-routine-and-stick-to-it/.

41. Gutierrez, Rebecca. s.f. "5 Key Elements to a Healthy Lifestyle--Renew by AdvoCare." AdvoCare® Connect. Acceso Octubre 27, 2022. https://connect.advocare.com/5-key-elements-healthy-lifestyle/.

42. The University of Toledo. s.f. "Self-Care: Counseling Center." Acceso Octubre 27, 2022. https://www.utoledo.edu/studentaffairs/counseling/selfhelp/copingskills/selfcare.html.

43. Choosing Therapy. 2021. "11 Ways to Practice Emotional Self Care." Acceso Octubre 27, 2022. https://www.choosingtherapy.com/emotional-self-care/.

44. Iowa AEA Mental Health. s.f. "Strategies for Social Self-Care." Acceso Octubre 27, 2022. https://iowaaeamentalhealth.org/self-care/strategies-for-social-self-care/.

45. Minimalism Made Simple. s.f. "How to Find Balance in Life (In 7 Easy Steps)." Acceso Octubre 27, 2022. https://www.minimalismmadesimple.com/home/balance-in-life/.

46. Steenbarger, Brett. 2021. "Three Keys To Making Life Changes." Forbes. https://www.forbes.com/sites/brettsteenbarger/2021/09/29/three-keys-to-making-life-changes/.

47. Davis, Jeffrey. 2020. "4 Tips to Effectively Ask for Help—and Get a Yes." Psychology Today. https://www.psychologytoday.com/za/blog/tracking-wo

nder/202002/4-tips-effectively-ask-help-and-get-yes.

48. Silvestre, Dan. 2017. "Personal Growth Plan: How to Write the Best One That Will Improve Life Dan Silvestre." Dan Silvestre. https://dansilvestre.com/personal-growth -plan/.

49. Locke, Robert. s.f. "The Stories Of These 5 Athletes Will Motivate Everyone Of You." Lifehack. Acceso Septiembre 30, 2022. https://www.lifehack.org/articles/communication/the-st ories-these-5-athletes-will-motivate-everyone-you.html.

50. Mayo Clinic. 2022. "Self-esteem: Take steps to feel better about yourself." Acceso Octubre 27, 2022. https://www.mayoclinic.org/healthy-lifestyle/adul t-health/in-depth/self-esteem/art-20047976.

51. National Health Service. s.f. "Raising low self-esteem." Acceso Octubre 27, 2022. https://www.nhs.uk/mental-healt h/self-help/tips-and-support/raise-low-self-esteem/.

52. Robbins, Kyle. s.f. "15 Simple Traits Of A Truly Good Person." Lifehack. Acceso Octubre 27, 2022. https://www.lifehack.org/articles/communication/ 15-simple-traits-truly-good-person.html.

53. Downey, Cheyenne. "How to Spot the Bad (and Good) People in Your Life." SpunOut. Acceso Noviembre 3, 2022. https://spunout.ie/voices/advice/spot-bad-good-p eople-in-life.

54. Kirk, Melissa, Vinoth Chandar, and Joshua Denney. s

.f. "5 Ways to Find Your People (The Ones Who Really Get You)." Tiny Buddha. Acceso Octubre 27, 2022. https://tinybuddha.com/blog/5-ways-find-your-p eople-the-ones-who-really-get-you/.

55. ReachOut Australia. s.f. "Decision making 101: Problem solving." Acceso Octubre 27, 2022. https://au.reachout.co m/articles/decision-making-101.

56. Cook, Jodie. 2021. "Fix Your Keystone Habits To Transform Your Life." Forbes. https://www.forbes.com/sites/jodiecook/2021/01 /11/fix-your-keystone-habits-to-transform-your-life/.

57. True Citrus. 2018. "A Simple Way to Create New Habits: Use the Three." Acceso Octubre 27, 2022. https://www.truele mon.com/blogs/tc/simple-way-create-new-habits.

58. Bridges, Frances. 2019. "Five Ways To Make A Habit Stick." Forbes. https://www.forbes.com/sites/francesbridges/20 19/02/25/five-ways-to-make-a-habit-stick/.

59. Locke, Robert. s.f. "The Stories Of These 5 Athletes Will Motivate Everyone Of You." Lifehack. Acceso Septiembre 30, 2022. https://www.lifehack.org/articles/communication/the-st ories-these-5-athletes-will-motivate-everyone-you.html.

60. Barbash, Elyssa. 2017. "Perspective: The Difference Maker in Memories & Experiences." Psychology Today. https://www.psychologytoday.com/us/blog/trauma-and -hope/201704/perspective-the-difference-maker-in-me mories-experiences.

61. Schenck, Laura K. s.f. "How to Develop Mindfulness." Mindfulness Muse. Acceso Octubre 27, 2022. https://www.mindfulnessmuse.com/mindfulness-exercises/how-to-develop-mindfulness.

62. "Mindfulness exercises." s.f. Mayo Clinic. Acceso Octubre 27,                               2022. https://www.mayoclinic.org/healthy-lifestyle/consumer-health/in-depth/mindfulness-exercises/art-20046356.

63. Scott, Elizabeth. 2022. "The Toxic Effects of Negative Self-Talk." Verywell Mind. https://www.verywellmind.com/negative-self-talk-and-how-it-affects-us-4161304.

64. Shine. s.f. "How to Spot and Swap the 4 Types of Negative Self-Talk." Acceso Octubre 27, 2022. https://advice.theshineapp.com/articles/how-to-spot-and-swap-the-4-types-of-negative-self-talk/.

65. Cuncic, Arlin. 2021. "How Do You Live in the Present?" Verywell Mind. https://www.verywellmind.com/how-do-you-live-in-the-present-5204439.

66. Borges, Anna. 2020. "9 Therapist-Approved Tips for Reframing Your Existential Anxiety." https://www.self.com/story/reframing-existential-anxiety/.

67. Sutton, Jeremy. 2020. "Socratic Questioning in Psychology: Examples and Techniques." PositivePsychology.com. https://positivepsychology.com/socratic-questioning/.

68. Harris, Sara. s.f. "Reframing Our Thoughts to Have Positive Feelings." AllHealth Network. Acceso Octubre 27,

2022. https://www.allhealthnetwork.org/colorado-spirit/reframing-our-thoughts-to-have-positive-feelings/.

69. Chauncey, Sarah. 2017. "Learning How to Observe Thoughts." Living the Mess. https://www.livingthemess.com/learning-observe-thoughts/.

70. Mindful Staff. s.f. "How to Meditate." Mindful. Acceso Octubre 27, 2022. https://www.mindful.org/how-to-meditate/.

71. Indeed. 2021. "10 Focus Exercises To Help Improve Concentration Skills." Acceso Octubre 27, 2022. https://www.indeed.com/career-advice/career-development/focus-exercises.

72. Pullein, Carl. 2022. "How to Stop Multitasking and Become Way More Productive." Lifehack. https://www.lifehack.org/792689/how-to-stop-multitasking.

73. Rhodes Sites. s.f. "Productivity: The Time Chunking Method." Acceso Octubre 27, 2022. https://sites.rhodes.edu/academic-and-learning-resources/news/productivity-time-chunking-method.

74. Dandapani. "Developing Willpower." Dandapani, Febrero 27, 2019. https://dandapani.org/blog/developing-willpower/.

75. Inspiring Tips. 2022. "Give Yourself Something To Look Forward To Every Day Challenge." Acceso Octubre 27, 2022. https://inspiringtips.com/something-to-look-forward-to-challenge/.

76. Rosen, Bob, and George Washington. 2018. "How to Find Your Higher Purpose." Psychology Today. https://www.psychologytoday.com/za/blog/are-you-aware/201812/how-find-your-higher-purpose.

77. Locke, Robert. s.f. "The Stories Of These 5 Athletes Will Motivate Everyone Of You." Lifehack. Acceso Septiembre 30, 2022. https://www.lifehack.org/articles/communication/the-stories-these-5-athletes-will-motivate-everyone-you.html.

78. iMotions. 2015. "What Are Emotions and Why Do They Matter?" Acceso Octubre 27, 2022. https://imotions.com/blog/emotions-matter/.

79. Elmer, Jamie. 2022. "Why You Might Feel Like the Most Emotional Person in the Room." Healthline. Healthline Media. https://www.healthline.com/health/why-am-i-so-emotional-2.

80. Cherry, Kendra. 2022. "Why Are Emotions Important?" Verywell Mind. https://www.verywellmind.com/the-purpose-of-emotions-2795181.

81. Firestone, Lisa. 2018. "How Emotions Guide Our Lives." Psychology Today. https://www.psychologytoday.com/us/blog/compassion-matters/201801/how-emotions-guide-our-lives.

82. Whitbourne, Susan K. 2021. "Your Most Important Emotional Tools." Psychology Today. https://www.psychologytoday.com/za/blog/fulfillment-any-age/202111/your-most-important-emotional-tools.

83. Buckloh, Lisa M. s.f. "5 Ways to Know Your Feelings Better (for Teens)." Kids Health. Acceso Octubre 27, 2022. https://kidshealth.org/en/teens/emotional-awareness.html.

84. Gepp, Karin, and Nicole Washington. s.f. "How to Calm Down: 22 Things to Do When You're Anxious or Angry." Healthline. Acceso Octubre 27, 2022. https://www.health line.com/health/how-to-calm-down.

85. Bastos, Filipe. 2021. "Respond, Don't React: Taming Stress Through Mindful Presence--MindOwl." Mindowl. https://mindowl.org/respond-dont-react/.

86. White, Marney A., and Karin Gepp. s.f. "Under-standing Emotions: Connecting How you Feel with What it Means." Psych Central. Acceso Octubre 27, 2022. https://psychcentral.com/health/understanding-w hat-your-emotions-are-trying-to-tell-you.

87. Litner, Jennifer, Maya Chastain, and Joslyn Jelinek. 2021. "Where Emotions Get Trapped In The Body and How to Release Them." Healthline. https://www.healthline.com/health/mind-body/how-to-r elease-emotional-baggage-and-the-tension-that-goes-w ith-it.

88. Handel, Steven. s.f. "50 Ways To Constructively Channel Negative Emotions." The Emotion Machine. Acceso Octubre 27, 2022. https://www.theemotionmachine.com/5 0-ways-to-constructively-channel-negative-emotions/.

89. HelpGuide.org. s.f. "Emotional Intelligence Toolkit." Acce-so Octubre 27, 2022. https://www.helpguide.org/articles/

mental-health/emotional-intelligence-toolkit.htm.

90. Conn, Chris. s.f. "10 Amazing Sports Stories That Should Be Made into Movies." Bleacher Report. Acceso Octubre 27, 2022. https://bleacherreport.com/articles/770621-10-amazing-sports-stories-that-should-be-made-into-movies.

91. Miller, Therese, and Richard C. Bell. 2008. "Sport and Spirituality: A Comparative Perspective – The Sport Journal." The Sport Journal. https://thesportjournal.org/article/sport-and-spirituality-a-comparative-perspective/.

92. Katz, Ali. 2014. "6 Steps To Invite Spirituality Into Your Life Every Day." MindBodyGreen. https://www.mindbodygreen.com/0-16223/6-steps-to-invite-spirituality-into-your-life-every-day.html.

93. Ho, Leon. 2022. "What Is the Meaning of Life? A Guide to Living a Meaningful Life." Lifehack. https://www.lifehack.org/articles/communication/how-put-meaning-back-into-your-life.html.

94. Israel, Ira. s.f. "3 Ways to Find Meaning in Life." wikiHow. Acceso Octubre 27, 2022. https://www.wikihow.com/Find-Meaning-in-Life/.

95. Delagran, Louise. s.f. "How Does Nature Impact Our Wellbeing?" Taking Charge of Your Health & Wellbeing. Acceso Noviembre 11, 2022. https://www.takingcharge.csh.umn.edu/how-does-nature-impact-our-wellbeing#:~:text=Exposure%20to%20nature%20not%20only,health%20researchers%20Stamatakis%20and%20Mitchell.

96. Castellani, Robyn. 2018. "Want To Change Your Life? Change Your Narrative. Here's How." Forbes. https://www.forbes.com/sites/break-the-future/2018/07/17/want-to-change-your-life-change-your-narrative-heres-how/.

97. Carpenter, Derrick. s.f. "The Science Behind Gratitude (and How It Can Change Your Life). Acceso Octubre 27, 2022. https://www.happify.com/hd/the-science-behind-gratitude/.

98. Mindful Staff. 2022. "How to Practice Gratitude." Mindful. Acceso Octubre 27, 2022. https://www.mindful.org/how-to-practice-gratitude/.

99. Nazish, Noma. 2018. "Five Science-Backed Ways To Practice Gratitude Every Day." Forbes. https://www.forbes.com/sites/nomanazish/2018/11/21/five-science-backed-ways-to-practice-gratitude-every-day/.

100. Becker, Joshua. s.f. "The 10 Most Important Things to Simplify in Your Life." Becoming Minimalist. Acceso Octubre 27, 2022. https://www.becomingminimalist.com/the-10-most-important-things-to-simplify-in-your-life/.

101. Morin, Amy. 2018. "5 Ways to Simplify Your Life." Psychology Today. https://www.psychologytoday.com/za/blog/what-mentally-strong-people-dont-do/201807/5-ways-simplify-your-life.

102. Garrett, Michelle. s.f. "Creating Your Personal Motto." Divas with a Purpose. Acceso Octubre 27, 2022. https://ww

w.divaswithapurpose.com/creating-personal-motto/.

103. Kristenson, Sarah. 2021. "81 Personal Mottos Ideas & Examples to Live By." Happier Human. https://www.happierhuman.com/personal-motto/.

104. Sharma, Sunil. 2019. "Phil Jackson the Zen Master who conquered basketball." Sunil Sharma. https://sunilsharmauk.medium.com/phil-jackson-the-zen-master-who-conquered-basketball-e8257a76979d.

105. Crossley, Tracy. 2018. "Journey of Attachment: Resistance to Reality." Tracy Crossley. https://tracycrossley.com/217-journey-attachment-resistance-reality/.

106. Seltzer, Leon F. 2016. "You Only Get More of What You Resist—Why?" Psychology Today. https://www.psychologytoday.com/us/blog/evolution-the-self/201606/you-only-get-more-what-you-resist-why.

107. Babauta, Leo. s.f. "12 Essential Rules to Live More Like a Zen Monk." Zen Habits. Acceso Octubre 27, 2022. https://zenhabits.net/12-essential-rules-to-live-more-like-a-zen-monk/.

108. David, Natalia S., and Deborah Ryan. s.f. "3 Ways to Practice Non Attachment." wikiHow. Acceso Octubre 27, 2022. https://www.wikihow.com/Practice-Non-Attachment.

109. ReGain Editorial Team. 2022. "What Is Non-Attachment, and How Can I Learn It?" Regain. https://www.regain.us/advice/attachment/what-is-non-attachment-and-how-can-i-learn-it/.

110. Mayo Clinic. 2020. "Forgiveness: Letting go of grudges and bitterness." Acceso Octubre 27, 2022. https://www.mayoclinic.org/healthy-lifestyle/adult-health/in-depth/forgiveness/art-20047692.

111. Griffey, Harriet. s.f. "5 tips to help you let go of the past and move on." Calm Moment. Acceso Octubre 27, 2022. https://www.calmmoment.com/wellbeing/how-to-learn-the-lessons-of-the-past-and-let-them-go/.

112. Robyn, Fiona. 2018. "Difficult Lessons: How to Learn What You Need to and Move On." Tiny Buddha. https://tinybuddha.com/blog/difficult-lessons-how-to-learn-what-you-need-to-and-move-on/.

113. Legg, Timothy J. s.f. "How to Stop Ruminating: 10 Tips to Stop Repetitive Thoughts." Healthline. Acceso Octubre 27, 2022. https://www.healthline.com/health/how-to-stop-ruminating.

114. Compitus, Katherine, and William Smith. 2020. "12 Radical Acceptance Worksheets For Your DBT Sessions." PositivePsychology.com. https://positivepsychology.com/radical-acceptance-worksheets/.

115. Trotter, Jake, and ESPN Staff. 2017. "From 7th-grade phenom to failed QB to elite receiver." ESPN. https://africa.espn.com/college-football/story/_/id/20923614/west-virginia-david-sills-7th-grade-phenom-failed-qb-elite-receiver.

116. Harrison, Melinda. s.f. "What Parents of Teen Athletes Need to Know about Life After Sports—Your Teen Mag."

Your Teen Magazine. Acceso Octubre 27, 2022. https://yo urteenmag.com/sports/life-after-sports-teen-athletes.

117. Bleacher Report. s.f. "12 Insane Youth Sports Stories: News, Scores, Highlights, Stats, and Rumors." Acceso Octubre 27, 2022. https://bleacherreport.com/articles/1697114-12-ins ane-youth-sports-stories.

www.ingramcontent.com/pod-product-compliance
Lightning Source LLC
Chambersburg PA
CBHW070710130626
46553CB00005B/1921